O ADMINISTRADOR JUDICIAL (O ÓRGÃO)

NA RECUPERAÇÃO JUDICIAL E NA FALÊNCIA

(texto produzido após a vigência da Lei n. 14.112/2020)

José Anchieta da Silva

O ADMINISTRADOR JUDICIAL (O ÓRGÃO)
NA RECUPERAÇÃO JUDICIAL E NA FALÊNCIA
(texto produzido após a vigência da Lei n. 14.112/2020)

Del Rey editora

Belo Horizonte
2021

EDITORA DEL REY LTDA.
www.livrariadelrey.com.br

Editor: Arnaldo Oliveira

Editor Adjunto: Ricardo A. Malheiros Fiuza
(*in memoriam*)

Coordenação Editorial: Letícia Neves

Diagramação e revisão: Know-how Desenvolvimento Editorial

Editora:
Rua dos Goitacazes, 71 – Lojas 20 a 24
Centro – Belo Horizonte – MG
CEP 30190-050

Comercial:
Tel.: (31) 3284-3284 / 3293-8233
vendas@editoradelrey.com.br

Editorial:
editorial@editoradelrey.com.br

S586a Silva, José Anchieta da.
O Administrador Judicial (o órgão) na Recuperação Judicial e na Falência: texto produzido após a vigência da Lei nº 14.112/2020 / José Anchieta da Silva; Prefácio de Max Roberto de Souza e Silva. - 1. ed. - Belo Horizonte, MG : Editora Del Rey, 2021.
104 p.; 14x21 cm.

Inclui bibliografia.
ISBN 978-65-5791-044-3

1. Direito Concursal Brasileiro. 2. Direito Empresarial. 3. Falência. 4. Recuperação Judicial de Empresas.
I. Título. II. Assunto. III. Silva, José Anchieta da.

CDD 342.236 CDU 347.739

Pedro Anizio Gomes
Bibliotecário – CRB-8 8846

À valorosa equipe de advogados e advogadas
de ***JASA – Advocacia****, onde se pratica uma a*
dvocacia empresarial comprometida
com valores superiores.

À Jacqueline da Silva Santos Silva.

PREFÁCIO

O salutar instituto da Ação de Recuperação Judicial de Empresas, criado pela Lei n. 11.101, de 9 de fevereiro de 2005, assim como o moderno e especial tratamento por ela dedicado ao instituto da Falência, transmudaram a finalidade precípua do Direito Concursal brasileiro para a preservação da empresa-atividade (empresa objeto e não sujeito de direito), com o objetivo de manter viva a fonte produtora, geradora de empregos, de riqueza e de impostos. Exatamente neste contexto, e para que, de fato, se obtenha êxito na preservação da empresa em crise (leia-se, atividade empresarial em crise), possibilitando-a o pleno exercício de sua função social, indispensável será, tanto na ação de recuperação judicial, quanto na falência, a colaboração e o comprometimento de todos os atores envolvidos no processo (Devedor [Recuperando/Massa Falida], Credores, Magistrado, Administrador Judicial, Comitê de Credores [quando instalado], Ministério Público).

Neste breve ensaio, em voo de pássaro, mas com olhos de lince, o Autor dedica o seu estudo a um desses relevantes atores:

a importante figura do Administrador Judicial, analisando-o sob a ótica da Lei na sua redação original (Lei n. 11.101/2005), bem como da recente atualização/modernização que lhe propiciou a Lei n. 14.112, promulgada em data de 24 de dezembro de 2020.

De forma objetiva e com a clareza que lhe é peculiar, discorre, o Autor, sobre as disposições que são comuns em relação à Administração Judicial, tanto na falência quanto na ação de recuperação judicial. Prossegue, em texto analítico, apontando as particularidades e as diferenças em relação ao objeto central de seu estudo, a depender do processo a ser enfrentado (falência ou recuperação judicial), fazendo um paralelo daquilo que inicialmente é previsto na Lei n. 11.101/2005, e daquilo que fora objeto de inovação, mediante a recém promulgada Lei n. 14.112/2020.

Especialmente sobre as inovações introduzidas pela Lei n. 14.112/2020, destaca o Autor, dentre tantas outras, o estabelecimento de formas de representação e de cooperação do judiciário brasileiro com os demais ordenamentos jurídicos no que tange a *cross border insolvence* (as insolvências transnacionais), acrescendo-se, quanto a esta parte, mais uma série de atribuições específicas ao Administrador Judicial.

Como bem destaca o escriba, a ação de recuperação judicial é cara, invasiva e estigmatizante, contribuindo para os seus altos custos, de sobremaneira, a elevada remuneração legalmente prevista para o Administrador Judicial, o que acaba por impossibilitar, de maneira injustificada, o soerguimento de empreendimentos empresariais viáveis. Fazendo uso do direito comparado, especialmente o português, com o seu Código de Insolvência e de Recuperação de Empresas – CIRE, sugere o Autor, de forma deveras interessante, solução para este grave obstáculo, verdadeiro 'tendão de Aquiles' do instituto da recuperação judicial.

De modo bastante elucidativo, trata, também, o texto ora prefaciado, do delicado tema da responsabilização civil do Administrador Judicial.

Em uma incursão histórica, faz um paralelo entre a figura-órgão do Administrador Judicial e as extintas figuras do síndico e do comissário, previstas no antigo e revogado Decreto-Lei n. 7.661, de 21 de junho de 1945.

Como acertadamente ressaltado pelo Autor, no frontispício de seu texto, novamente fazendo remissão ao Direito Concursal português, '*em matéria de falências não há previsões legislativas que bastem, nem reformas que muito durem*'. E é exatamente com esta certeza que se pode afirmar que, com a aprazível leitura deste bem elaborado trabalho, terá sido dado o pontapé inicial para acalorados debates, o que certamente culminará com o esperado e desejado aprimoramento de todo o arcabouço legal, sempre se tendo como norte, como objetivo principal, a preservação da atividade empresarial viável.

Boa leitura!

Max Roberto de Souza e Silva

Mestre em Direito Empresarial e membro do Conselho Empresarial de Assuntos Jurídicos da ACMinas. Membro do Instituto dos Advogados de Minas Gerais – IAMG.

SUMÁRIO

INTRODUÇÃO

'Em matéria de falências não há previsões legislativas que bastem, nem reformas que muito durem.'[1]

[1] Esta, a frase que Menezes Leitão resgatou do preâmbulo do 'Código de Falências de Portugal', em 1899. Fonte recente, MENEZES LEITÃO, Luiz Manuel Teles de. **Direito da insolvência**. 5. ed. Coimbra: Almedina, 2013, preâmbulo (não numerado).

Este pequeno ensaio em torno da figura-órgão do administrador judicial na recuperação judicial e na falência, despretensioso embora, se dá logo após a entrada em vigência de mais um instrumento legal que modifica e acresce dispositivos legais novos sobre o diploma original que cuida dessas ações tão especiais. A iniciativa se dá, portanto, impulsionada por uma motivação especial, a promulgação da Lei n. 14.112, de 24 de dezembro de 2020, que altera a Lei n. 11.101, de 9 de fevereiro de 2005 (a Lei de Recuperação Judicial, Extrajudicial e Falências) e a Lei n. 8.929, de 22 de agosto de 1994 (que trata da Cédula de Produtor Rural). Essa lei nova, em que pese reformadora, padece de visível timidez, como, aliás, tem sido próprio das reformas anteriores. Mais uma vez se perdeu oportunidade de se promover uma reforma mais profunda, atendendo-se aos reclamos dos atores envolvidos, o devedor, sua comunidade de credores e o próprio mercado, além de notáveis construções doutrinárias levantadas pela comunidade científica. É, portanto, certo que outros instrumentos legislativos hão de vir, prosseguindo no aprimoramento da legislação de insolvência. Aquela advertência ou constatação encontrada no frontispício do Código de Falências de Portugal, de 1899, segundo a qual em matéria de falência não há previsões legislativas que bastem e nem reformas que sempre durem, continua atual.

Para exemplificar essa timidez legislativa, é preciso tomar pela mão dois dos vetos presidenciais lançados sobre o projeto original após sua aprovação nas duas casas legislativas, um dirigido aos créditos trabalhistas e outro relacionado com os créditos de natureza tributária, revelando, mais uma vez, que nesses dois nichos não é fácil promover avanços legislativos.

No caso trabalhista, o texto legal, na sua aprovação original, determinava a suspensão das execuções trabalhistas contra responsável subsidiário ou solidário, suspensão que duraria até a homologação do plano de recuperação judicial ou a convolação da recuperação judicial em falência (§ 6º do artigo 10). Não se alterava nem o enquadramento e nem o privilégio que cobrem os créditos dessa categoria. Com efeito, a norma era apenas de caráter ordenador e funcionaria como mola propulsora da aprovação mais breve de planos de recuperação propostos. Não foi, todavia, a leitura que fez o poder executivo na construção do veto. Os fundamentos para essa recusa contentaram com a argumentação rasa, de caráter genérico e segundo a qual o *dispositivo contraria* [contrariaria] *o interesse público por causar insegurança jurídica*; e acrescentou a afirmativa segundo a qual a inovação estaria *em descompasso com a essência do arcabouço normativo brasileiro quanto à priorização dos créditos de natureza trabalhista e por acidentes de trabalho.* Arremata-se, o veto, num argumento também generalista, segundo o qual a inovação contrariaria a *própria sistemática instituída pela Lei n. 11.101, de 2005, para a proteção desses créditos.* A indigência de tais fundamentos é palmar. A segurança jurídica e o invocado interesse público, descendo das estantes para a realidade, hão de considerar a segurança jurídica e o interesse público de cada caso posto, com os seus atores envolvidos e com as circunstâncias que lhes sejam próprias. Toda ação de recuperação judicial é ação singular, única, encarando as vicissitudes que só o caso posto possui. A insegurança jurídica, na verdade, está naquele esvaziamento patrimonial da recuperanda antes de se conhecer as efetivas possibilidades de sua restauração, de seu prosseguimento como empresa, de um evitar-se falência evitável. O interesse público, expressão abrangente, nunca pode ser tomado em termos generalistas, mas deverá ser tomado em termos locais, circunstanciais (a dificuldade da atividade empresária de um empório encravado na Amazônia dificilmente seria a mesma daquele que estabelecido na avenida paulista, centro pulsante da pauliceia brasileira); afinal, o público em causa há de ser aquele vivenciado pelo devedor, seus credores e sua clientela agora rebatizada de consumidores. De resto, a invocação teórica de que a inovação conspiraria contra a própria sistemática instituída pela lei que regula a recuperação é argumento à leste, muito à leste, distante pois, da realidade. Na mudança que o texto original adotava, compreendia-se, exatamente, proposta de alteração daquele *status quo*; trata-se, afinal, de lei nova, de regras novas portanto, e nela inoculada, muito a propósito, alteração de sistemáticas antigas, na medida em que tais sistemáticas já se revelaram antiquadas, insuficientes, reclamando, exatamente, reformas. A timidez da reforma, neste ponto, é reprise daquilo que se viu recentemente quando da promulgação da Lei de Liberdade Econômica.[2]

No campo dos tributos, o texto originalmente aprovado trazia uma necessária, indispensável até, inovação, que foi, todavia, vetada. Propunha-se significativa alteração no texto do artigo 50 da lei vigente, especialmente em seu inciso II, passando a determinar que o *ganho obtido pelo devedor com a redução da dívida não se sujeitará* [não se sujeitaria] *ao limite percentual de que tratam os arts. 42 e 58 da Lei 8.981, de 20 de janeiro de 1995, na apuração do imposto sobre a renda e da CSLL.* Portanto, esse deságio não seria tributado. Trata-se, afinal, de redução havida no montante da dívida em favor do monte devedor. Tem-se, no caso, ajuste contratual entre o devedor e seus credores, esses, renunciando a parcela do crédito como forma de viabilizar a recuperação, o que representaria viabilizar o próprio recebimento, tudo resultante do

---

2 *Sentido não tem o Estado regular com mão de ferro (e encarecer) a contratação de mão de obra num país onde mais de dez por cento de sua massa de trabalhadores continua desempregada. E, anote-se, serviços há. O projeto original contemplava alterações mais substanciais, sendo boa parte delas suprimida. No Brasil, continua, percebe-se, muito difícil modernizar as relações de trabalho, desfazendo-se nós, desamarrando interesses outros, reservas e perversões retrógradas, acrisoladas num discurso ideológico que estabelece o paradoxo de, possuindo uma das mais caras mãos de obra do planeta, ter um operariado pobre. Esse proceder lesa, a um só tempo, a quem trabalha [o empregado] e quem empreende [quem emprega]. Algumas pedras ainda necessitam ser quebradas.* SILVA, José Anchieta da. O empresário e a lei de liberdade econômica: esperado encontro marcado. *In:* OLIVEIRA, Amanda Flávia de (coord.). **Lei de liberdade econômica e o ordenamento jurídico brasileiro**. Belo Horizonte: Editora D'Plácido, 2020. p. 57-85.

plano de recuperação, da concessão enfim conferida pelo próprio credor (na parte deduzida por acertamento entre os interessados: devedor e credores). As razões do veto partem de uma compreensão com base no que seria uma conspiração contra a isonomia tributária, seguida do que seria uma renúncia de receita. De se registrar, não se há falar em renúncia de receita onde receita não haveria; fala-se de uma imprevisão de seu impacto orçamentário e financeiro em face da Lei de Responsabilidade Fiscal. São razões que também estão à leste da realidade. Não se há falar em isonomia entre desiguais e a ação de recuperação judicial impetrada é a certeza de que não se está entre iguais. Noutra frente, não se há falar em renúncia de receita quando receita não haverá, afinal, só se cogita de imposto devido quando houver imposto gerado. De resto, a argumentação genérica de um impacto orçamentário, com a invocação (imprópria) da Lei de Responsabilidade Fiscal, representa indevido desvio de foco em relação à questão versada. Com efeito, os descontos ou deságios concedidos pelos credores (e incorporados no plano de recuperação aprovado) visam contribuir com a sociedade recuperanda e com a sua comunidade. A recuperanda, ao tomar o caminho da ação de recuperação judicial (ação sem réu, mas, ação cara, invasiva e estigmatizante) não possui condições econômico-financeiras para honrar os seus compromissos. O que se tem, a título de conclusão neste ponto, é que tal como está na Lei (depois do veto) o deságio concedido proporciona a criação de um novo passivo. A boa ação entre particulares (credores e devedor) terá virado, então, pecado capital, cujo resultado será o de condenar o próprio instituto abrigado na ação de recuperação judicial, promovendo mais falências e coibindo bom número de recuperações judiciais de devedores viáveis, com todos os reflexos negativos daí decorrentes. Trata-se, no ponto, de uma lei exercendo antifunção da própria lei. As razões do veto se desdizem porque são delas que decorrerão a insegurança jurídica e a não geração de impostos, de emprego e de riqueza. O veto provoca uma corrupção do sistema. A tributação de tais deságios, concedidos pelos credores, contraria o princípio da preservação da atividade empresarial.[3] Abandonou-se o argumento

[3] FINCH, Vanessa. **Corporate insolvency law, perspective and principles**. Cambridge University Press, UK, KD 2139. F 558, 2002. http://www.cambridge.org; FRANKS, Julian R.; TOROUS, Walter N. **Lesson form a comparison of U. S. and U. K insolvency code**. Corporate Bankruptcy, Economics and Legal Perspectives. Edited by Jagdeep S. Bhandari and Lawrense A. Weis, Foreword by Ricard A. Posner. New York: Cambridge University Press, 1996. p. 450-466; GONÇALVES, Renato. **Recuperação de empresas**: um desígnio continuado. IV Congresso de Direito da Insolvência, obra coordenada por Catarina Serra. Coimbra: Almedina, 2017. p. 379-385; PERIN JUNIOR, Ecio. **Preservação da empresa**. São Paulo: Saraiva, 2009; PUGLIESE, Adriana Valéria. **Direito falimentar e preservação da empresa.** São Paulo: Quartier Latin, 2013; SERRA, Catarina. **Entre o princípio e os princípios da recuperação de empresas (um *work in progress*).** II Congresso de Direito da Insolvência, coordenado por Catarina Serra. Coimbra: Almedina, 2014. p. 71-100; SILVA, Max Roberto de Souza e. O princípio da preservação da empresa sob o prisma dos institutos da recuperação judicial e da falência. *In:* JASA – José Anchieta da Silva Advocacia (org.). **25 anos de advocacia**. Belo Horizonte: Del Rey, 2015. p. 285-306; VERÇOSA, Haroldo Malheiros Duclerc. Recuperar ou não recuperar, eis a questão: o poder/dever do juiz objetivando a preservação da empresa – configuração e limites. *In:* CEREZETTI, Cheila Neder; MAFFIOLETTI, Emmanuelle Urbano (coord.). **Dez anos da Lei 11.101/2005.** São Paulo: Almedina, 2015. p. 348-367; ZUCCHI, Maria Cristina. **Direito das empresas em crise**: problemas e soluções. IBR – Instituto Brasileiro de Estudos de Recuperação de Empresas. São Paulo: Quartier Latin, 2012. p. 1-3.

prático e óbvio, um dado da realidade, segundo o qual, em casos tais, o devedor não paga, mas, também, os credores não recebem. Não se há falar, portanto, em incidência de imposto. Sobre o necessário arejamento do Direito Tributário, que se faça ouvir as palavras de Eurico Santi, para quem a sociedade está acostumada a interpretar esse direito, olhando, todavia, para o seu passado e só nele buscando conceitos de fato gerador, de tributo, de renda, de receita bruta, de insumo, de princípio da capacidade contributiva e do princípio da liberdade negocial.[4] Está faltando aquele olhar para a frente. É preciso recriar o Direito Tributário como uma disciplina que saiba olhar para o futuro, fazendo-o a partir das realidades postas.

A Lei que se examina, ainda no âmbito do Congresso Nacional, não levou em consideração propostas de vanguardas amplamente debatidas no Instituto Brasileiro de Estudos de Recuperação de Empresas – IBR, das quais se recolhe, apenas a título de destaque, aquela necessária inclusão, dentre os destinatários da Lei, com alteração de seu artigo 1º, dos 'agentes econômicos', das companhias de economia mista, por exemplo (onde o Estado se propõe ou se dedica à exploração da atividade empresária, deve obedecer as regras e as normas próprias desse exercício de empresa).[5] Não se copiou o exemplo de Portugal que, revendo le-

---

4 NICACIO, Mateus Vieira. A tributação do deságio obtido na recuperação judicial. *In:* Silva, José Anchieta da (coord.). **Trinta anos de advocacia.** Belo Horizonte: Del Rey, 2020. p. 477-492.

5 Muito antes do esforço que resultou na Lei n. 114.112/2020, a doutrina já chamava a atenção para a necessidade da ampliação do leque dos destinatários dessa lei. Na pena de José Alberto Rôla '*Não se aplaude a aplicação restritiva da Lei, apenas às atividades econômicas,*

gislação envelhecida, com o seu Código de Insolvência e de Recuperação da Empresas, trata da insolvência de empresários e de não empresários.[6]

Há, todavia, avanços a celebrar, como a faculdade de os próprios credores oferecerem plano de recuperação alternativo àquele oferecido pelo devedor (nova redação ao artigo 6º em seu § 4º-A);[7] a vedação de, em caso de recuperação ou de falência, o administrador judicial recusar eficácia à convenção de arbitragem preexistente (§ 9º do mesmo artigo);[8] a possibilidade de antecipação de efeitos da tutela total ou parcial ao tempo do deferimento

---

portanto, apesar do Código Civil haver unificado o direito obrigacional ao disciplinar Empresa, ao crédito todos têm acesso, podendo dele fazer uso indevido. Portanto, sem razão excluir-se da Nova Lei os não empresários, privando-os de seus benefícios, de evidente natureza social e econômica.' RÔLA, José Alberto. **Recuperação de empresas e falências.** Notas de Aula. Fortaleza: Imprece Editorial, 2011. p. 50.

6 O Código da Insolvência e da Recuperação de Empresas - CIRE, em Portugal, criado a partir do Decreto-Lei n. 53/2004, de 18 de março, também tem sido aprimorado com sucessivos instrumentos legislativos.

7 *Art. 6º A decretação da falência ou o deferimento do processamento da recuperação judicial implica:*

(...)

§ 4º-A. O decurso do prazo previsto no § 4º deste artigo sem a liberação a respeito do plano de recuperação judicial proposto pelo devedor faculta aos credores a propositura de plano alternativo, na forma dos §§ 4º, 5º, 6º e 7º do art. 56, observado o seguinte: (...).

8 *O processamento da recuperação judicial ou a decretação da falência não autoriza o administrador judicial a recusar a eficácia da convenção de arbitragem, não impedindo ou suspendendo a instauração de procedimento arbitral.*

do processamento de recuperação judicial, harmonizando-se a Lei com as normas a respeito contidas no artigo 300 do Código de Processo Civil (§ 12 do mesmo artigo);[9] a substituição daquela manifestação, em voto, nas assembleias gerais de credores, por outros meios como o termo de adesão e o voto eletrônico ou outros meios seguros de manifestação pelos credores (§ 4º do artigo 39).[10] Na parte em que trata da consolidação processual e da consolidação substancial, a lei é clara na vedação daquilo que se praticava no âmbito do Poder Judiciário como extensão da falência ou de seus efeitos, no todo ou em parte, aos sócios de responsabilidade limitada, aos controladores e aos administradores da sociedade falida, admitida a desconsideração da personalidade jurídica, desde que observados os comandos próprios do Código Civil e do Código de Processo Civil (artigo 82-A).[11] Tem-se, no

---

9 *§ 12. Observado o disposto no art. 300 da Lei n. 13.105, de 16 de março de 2015 (Código de Processo Civil), o juiz poderá antecipar total ou parcialmente os efeitos do deferimento do processamento da recuperação judicial.*

10 *§ 4º Qualquer deliberação prevista nesta lei a ser realizada por meio de assembleia-geral de credores poderá ser substituída, com idênticos efeitos, por: I – termo de adesão firmado por tantos credores quantos satisfaçam o quórum de aprovação específico, nos termos estabelecidos no art. 45-A desta Lei; II – votação realizada por meio de sistema eletrônico que reproduza as condições de tomada de voto da assembleia-geral de credores; ou III – outro mecanismo reputado suficientemente seguro pelo juiz.*

11 *Art. 82-A. É vedada a extensão da falência ou de seus efeitos, no todo ou em parte, aos sócios de responsabilidade limitada, aos controladores e aos administradores da sociedade falida, admitida, contudo, a desconsideração da personalidade jurídica.*

Parágrafo único. A desconsideração da personalidade jurídica da sociedade falida, para fins de responsabilização de terceiros, grupo, sócio

ponto, mais uma harmonização com os textos legais mais recentes e, principalmente, uma necessária reorientação de certa tendência jurisprudencial que estendia a falência sem providência processual mínima, sem ação, sem citação, sem defesa, e, portanto, sem processo.[12]

Essa Lei nova, é indispensável que se registre, definitivamente ampliou o âmbito, o leque de aplicação (e compreensão) do que seja a recuperação, ao deixar claro que também a falência compreende caminho de salvação da empresa, fazendo-o com a necessária sutileza de valorizar não a empresa-pessoa, mas, a atividade empresarial compreendida na massa falida. É o que está compreendido na dicção do § 2º do artigo 75 que, pela excelência da inteligência do texto, deve ser ouvido em oração combinada: *a falência, ao promover o afastamento do devedor de suas atividades visa a: (...) A falência é mecanismo de preservação de benefícios econômicos e sociais decorrentes da atividade empresarial, por meio da liquidação imediata do devedor e a rápida realocação útil de ativos na economia.*

---

ou administrador por obrigação desta, somente pode ser decretada pelo juízo falimentar com a observância do art. 50 da Lei 10.406l de 10 de janeiro de 2002 (Código Civil) e dos arts. 133, 134, 135, 136, e 137 da Lei n. 13.105, de 16 de março de 2015 (Código de Processo Civil), não aplicada a suspensão de que trata o § 3º do art. 134 da Lei n. 13.105, de 16 de março de 2015 (Código de Processo Civil).

12 A respeito: **A pessoa jurídica, a falência e a *disregard doctrine***; noutro título, O instituto da desconsideração da personalidade jurídica no anteprojeto de novo Código de Processo Civil. *In:* SILVA, José Anchieta da (coord.). **Palavra de advogado**. Belo Horizonte: Del Rey, 2014. p. 225-248 e 295-330.

Compete tratar neste espaço, da figura-órgão do administrador judicial no âmbito das ações de recuperação judicial e da falência. A respeito, de se registrar que embora a sua regulação básica se encontre nos artigos 21 a 25 da Lei, suas atribuições no âmbito da ação de recuperação judicial e no âmbito da ação de falência não são exatamente as mesmas. É preciso ainda estar atento para a forma necessariamente difusa com a qual é tratado o órgão administrador judicial. Suas atribuições são de várias ordens durante todo o curso das demandas, o seu exercício compreende atividades parajurisdicionais inclusive, além de um variado cardápio de ações e iniciativas no plano contratual e de gerenciamento administrativo. São vários os comandos legais que necessitam ser visitados para se ter uma visão geral da figura, sua origem, sua finalidade, suas missões e, na medida do possível, seu enquadramento conceitual.[13] Essa figura-órgão saiu ainda mais valorizada

[13] CAMPINHO, Sérgio. **Falência e recuperação de empresa**: o novo regime da insolvência empresarial. 2. ed., rev. e atual. conforme a reforma do CPC. Rio de Janeiro; São Paulo-Recife: Renovar, 2006. p. 55-73; BERTASI, Maria Odete Duque. Administrador judicial, comitê e assembleia de credores na Lei de recuperação de empresas e falência. *In:* MACHADO, Rubens Approbato (coord.). **Comentários à nova lei de falências e recuperação de empresas**. São Paulo: Quartier Latin, 2005. p. 121-151; ABRÃO, Carlos Henrique. **A recuperação no processo falimentar.** Direito das empresas em crise: problemas e soluções, IBR – Instituto Brasileiro de Estudos de Recuperação de Empresas. São Paulo: Quartier Latin, 2012. p. 35-49; ABRÃO, Carlos; TOLEDO, Paulo Fernando Campos Salles de. **Comentários à lei de recuperação de empresas e falência.** 6. ed. São Paulo: Saraiva, 2016; ALONSO, Manoel. Comentários ao artigo 50. *In:* LUCCA, Newton de; SIMÃO

com a reforma que se promoveu sobre o texto então vigente. É disso que se cuidará neste adminículo.

FILHO, Adalberto (coord.). **Comentários à nova lei de recuperação de empresas e de falência.** São Paulo: Quartier Latin, 2005; COELHO, Fábio Ulhoa. **Comentários à nova lei de falências e de recuperação de empresas.** Lei n. 11.101 de 9-2-2005. São Paulo: Saraiva, 2005; SZTAJN, Rachel. **Comentários à lei de recuperação de empresas e falências.** São Paulo: Revista dos Tribunais, 2006. p. 225-229.

I

O ADMINISTRADOR JUDICIAL:
a Lei n. 11.101/2005 e a Lei n. 14.112/2020

As regras básicas a respeito do administrador judicial, na Lei n. 11.101/2005, estão reguladas no capítulo II da Lei, no campo das disposições comuns à recuperação judicial e à falência, numa demonstração de que o instituto se fará presente em ambas as ações ou em ambos os estágios do processo. Após as disposições comuns à recuperação judicial e à falência, suas disposições gerais, com a verificação e as habilitações de créditos, tem-se, na seção III, por disciplina metodológica, o tratamento da figura em conjunto com o comitê de credores. Laborou, o legislador original, acredita-se, numa sobrevalorização desse segundo órgão (o comitê), o qual, na prática, revelou-se de importância menor, na medida em que tem sido maior o número de recuperações judiciais que nascem e se resolvem sem a instalação desse comitê. Dito de outro modo, os comitês não têm sido instalados com a frequência que o texto legal sugere. Isto é, todavia, matéria para outra elaboração e disso não se ocupará neste estudo.

A figura do administrador judicial será escolhida entre pessoas idôneas, recaindo a sua nomeação, por ato do magistrado que presida o processo, entre os profissionais advogados, economistas, administradores de empresas, contadores. Não se trata, por óbvio, de redação restritiva, mas, indicativa. Imagine-se que numa recuperação judicial ou falência de uma construtora, impedimento não haverá que se nomeie Administrador judicial, por exemplo, um profissional da engenharia. Da mesma forma, numa insolvência de sociedade hospitalar, impedimento não haverá que tal indicação recaia sobre um profissional da medicina. As restrições de natureza ética, em termos gerais, pertencem, por óbvio, aos códigos de deontologia e, portanto, sequer necessitam ser analisadas por aqui. Em havendo impedimento, o nomeado não poderá assumir o encargo. A advertência que, neste sítio, a experiência recomenda não esquecer, notadamente para as comarcas onde os magistrados dispõem de reduzidos currículos pessoais para tais nomeações, é a de que se evite a nomeação de pessoas não vocacionadas para atividades assim tão específicas. Da mesma forma, se deve evitar a indicação repetidamente das mesmas pessoas para vários processos, evitando-se a criação de uma espécie de reserva de mercado, criada muitas vezes em função de elos de amizade ou da admiração cultivada entre magistrado e seus indicados, afastando-se dúvidas e maledicências. Há casos em que, por descuidos certamente, tem-se nomeado pessoas que não conseguem compreender a nobreza e a gravidade da indicação e, uma vez nomeadas, de modo muito particular, passam a agir como se fossem inquisidores de uma inquisição que não existe; há administradores judiciais que se comprazem com o plantio do terror, causando destruição de valores e impossibilitando o diálogo, que é sempre necessário entre os atores envolvidos. O administrador judicial nomeado não pode ser um agente predador, pois que agindo assim, fazendo as vezes de olhos do juiz togado, estará, o nomeado, se comportando contra o que compreendido na sua nobre missão. O administrador judicial pode ser uma pessoa jurídica, fazendo-se, no caso, a indicação do profissional que será o responsável pela condução do processo. São determinações legais que dão a medida não apenas da profissionalidade exigível para o exercício do mister, mas, que põem à mostra também o viés personalíssimo de suas atribuições que não podem ser delegadas.[14]

A Lei distribui a competência desse órgão incumbido da administração judicial nos processos de recuperação judicial e da falência, dividindo-o, como orientação geral, em três tranches: em primeiro lugar trata das atribuições comuns para a recuperação judicial e para a falência. Em segundo lugar, cuida de suas atribuições para a fase (para a ação) de recuperação judicial. Em terceiro lugar, ocupa-se das atribuições pertinentes para o processo de falência. Fazendo-o em apenas cinco artigos e em alentados incisos e alíneas, é certo que, nos artigos 21 a 25 da Lei, se está a cuidar das atribuições que são de caráter geral. O legislador não teve, percebe-se, a pretensão de estabelecer as atribuições do órgão de modo exaustivo, fechado. Do ponto de vista da técnica

---

14 *Art. 21. O administrador judicial será profissional idôneo, preferencialmente advogado, economista, administrador de empresas ou contador, ou pessoa jurídica especializada.*

Parágrafo único. Se o administrador judicial nomeado for pessoa jurídica, declarar-se-á, no termo de que trata o art. 33 desta Lei, o nome de profissional responsável pela condução do processo de falência ou de recuperação judicial, que não poderá ser substituído sem autorização do juiz.

legislativa, quando se tem a pretensão de se criar atribuições, fazendo-o de modo exaustivo, a utilização do sistema de alíneas não se oferece mesmo como caminho mais seguro. A presença e as funções do administrador judicial, declinado dezenas e dezenas de vezes, permeiam todo o texto legal, em toda a sua extensão.[15]

[15] Na Lei n. 11.101/2005, para além daquilo que especialmente está regulado nos já mencionados artigos 21 a 25, a figura do administrador judicial é mencionada ou regulada nos seguintes dispositivos: o § 2º do artigo 6º estabelece a competência do órgão da administração judicial para receber habilitação, pedidos de exclusão ou modificação de créditos. Essa atribuição aparece confirmada no artigo 7º e § 1º; nesse mesmo artigo está a sua competência para publicar edital contendo a relação de credores; o artigo 12 cuida do parecer que emitirá o Administrador judicial; o artigo 18 e seu parágrafo único são determinantes na atribuição da sua responsabilidade pela consolidação do quadro-geral de credores; o artigo 19 reserva-lhe, assim como aos credores e do representante do Ministério Público, a atribuição de pedir a exclusão ou propor outra classificação ou retificação de qualquer crédito para efeito do quadro-geral de credores. Os artigos 21 a 25 cuidam especificamente da figura e serão examinados neste texto. O artigo 27, inciso I, é determinante em afirmar como atribuição do comitê de credores a fiscalização das atividades do administrador judicial; no mesmo artigo, inciso II, § 2º fica atribuído ao administrador judicial a competência para resolver os impasses no âmbito do comitê de credores; o artigo 28 faz o administrador judicial, na ausência do comitê de credores, o seu substituto; o artigo 30, § 1º cuida dos impedimentos ao exercício da função. A destituição por infração às normas legais pode ser requerida pelo devedor, pelo Ministério Público ou qualquer credor, dizem-no o § 2º do mesmo cânone; o artigo 31, cuida da nomeação de seu substituto, cuidando o seu § 2º da prestação de contas a ser prestada pelo substituto; o artigo 32 consagra a responsabilidade civil da figura pelos prejuízos causados à massa falida, ao devedor ou aos credores por

dolo ou por culpa. A assunção da função, com assinatura de termo próprio, se dará dentro de 48 (quarenta e oito) horas da nomeação como o prescrito nos artigos 33 e 34. A assembleia geral de credores será presidida pelo administrador é o que consagra o artigo 37; a representação de credor em assembleia geral de credores será precedida da apresentação, ao administrador judicial, do documento que credencie o representante para o ato; a representação de credores por sindicato da categoria há de ser precedida de apresentação ao administrador judicial, da relação de associados representados; votarão nas assembleias de credores, as pessoas arroladas no quadro-geral ou na falta desse da relação apresentada pelo administrador judicial, é o que diz o artigo 39; a nomeação do administrador na recuperação se dará com o despacho de seu processamento como está no inciso I do artigo 52; o pagamento do administrador com o cumprimento da recuperação e apresentação do relatório está previsto nos incisos I, III e IV do artigo 63; o artigo 64 consagra uma das principais atividades do administrador judicial em sede de recuperação judicial, que é a fiscalização da recuperanda e do processo; o inciso V do artigo 64 inclui no rol dos delitos, o fato de se negar a prestar informações solicitadas pelo administrador judicial, incidindo, o infrator, na pena de destituição do cargo; o artigo 65 faz do administrador judicial também o gestor judicial temporário, enquanto não nomeado o próprio; tratando do plano de recuperação judicial para microempresas e empresas de pequeno porte, inclui o inciso IV do artigo 71, dentre as limitações do plano, a necessidade de autorização do juiz, após ouvido o administrador judicial e do comitê de credores, para o devedor aumentar despesas ou contratar empregado; tratando da falência, o parágrafo único do artigo 76 prescreve que todas as ações terão prosseguimento com o administrador judicial representando a massa; o artigo 84 considera dentre os créditos extraconcursais, a remuneração devida ao administrador judicial; o artigo 87, § 1º cuida dos pedidos de restituição e trata, para o feito, da intimação do administrador judicial; sobre a sentença que decretar a falência, estabelece o inciso IX do artigo 99 a nomeação do administrador judicial; sobre os deveres do falido após a decretação de sua quebra, o artigo 104, em seus incisos V, VI, VII e XII, inclui o dever de entrega de todos os bens, livros, papeis e documentos ao administrador judicial, indicando-lhe, para arrecadação, os bens que porventura tenham em poder de terceiros; determina-se o dever de prestar informações reclamadas pelo juiz, pelo próprio administrador judicial, credor ou Ministério Público sobre as circunstâncias e os fatos que interessem à falência; determina-se o dever de auxiliar o administrador judicial com zelo e presteza; deve o administrador judicial cuidar da arrecadação e da custódia dos bens, segundo o artigo 108 e seus §§ 1º e 3º. Cabe ao administrador judicial, ato contínuo à assinatura do termo de compromisso, efetuar a arrecadação dos bens e documentos e a avaliação desses bens, separadamente ou em bloco, no local em que se encontrem, requerendo-se ao juiz, as medidas necessárias. Os bens arrecadados ficarão sob a guarda do administrador judicial ou de pessoa por ele escolhida. O produto dos bens penhorados ou por outra forma apreendidos entrará para a massa, cumprindo ao juiz deprecar a requerimento do administrador judicial, às autoridades competentes, determinando sua entrega; no artigo 110, cuidando do auto de arrecadação, prescreve o § 1º que não sendo possível a avaliação dos bens no ato da arrecadação, o administrador judicial requererá ao juiz a concessão de prazo para apresentação do laudo de avaliação; no mesmo artigo, o seu § 4º prescreve ao administrador judicial a obrigação de diligenciar, em relação aos bens imóveis, as certidões de registro extraídas posteriormente à decretação da falência, com todas as indicações que nele constarem; no artigo 112, está escrito que os bens arrecadados poderão ser removidos desde que necessário para sua melhor guarda e conservação, hipótese em que permanecerão em depósito sob a responsabilidade do administrador judicial; pelo artigo 114 o administrador poderá alugar ou celebrar outro contrato referente aos bens da massa falida com o objetivo de produzir renda para a massa, mediante autorização do comitê, se existente; o artigo 116 estabelece que a decretação da falência suspende o exercício do direito de retenção sobre os bens sujeitos a arrecadação, os quais deverão ser entregues ao administrador judicial; pelo artigo 117, os contratos bilaterais não se resolvem pela falência e podem ser cumpridos pelo administrador judicial, se o cumprimento reduzir ou evitar o aumento do passivo da massa falida ou se necessário à manutenção e preservação, mediante autorização do comitê, confirmando, os seus §§ 1º e 2º, que o contratante poderá interpelar o administrador judicial para que declare se cumprirá ou não o contrato, conferindo, a declaração negativa ou o silêncio do administrador judicial direito à indenização, cujo valor será apurado em processo ordinário, constituindo crédito quirografário; no artigo 118 está escrito que o administrador judicial, mediante autorização do comitê, poderá dar cumprimento à contrato unilateral se esse fato reduzir ou evitar aumento do passivo da massa falida ou se necessário à manutenção e à preservação de seus ativos, realizando o pagamento da prestação pela qual estava obrigada; o artigo 119 cuida das relações contratuais da massa, estabelecendo em seus incisos II, III e IV que se o devedor vendeu coisas compostas e o administrador judicial resolver não continuar a execução do contrato, poderá o comprador colocar à disposição da massa falida as coisas já recebidas, pedindo perdas e danos; e não tendo o devedor entregue coisa móvel ou prestado serviço que vendera ou contratara a prestações, e resolvendo o administrador judicial não executar o contrato, o crédito relativo ao valor pago será habilitado na classe própria; segue o mesmo dispositivo afirmando que o administrador judicial, ouvido o comitê, restituirá a coisa móvel comprada pelo devedor com reserva de domínio do vendedor, se resolver não continuar a execução do contrato, exigindo a devolução, nos termos do contrato, dos valores pagos; prossegue ainda o mesmo dispositivo em seus incisos VII e IX, em oração combinada, que a falência do locador não resolverá o contrato de locação e, na falência do locatário, o administrador judicial poderá, a qualquer tempo, denunciar o contrato. Os patrimônios de afetação constituídos para o cumprimento de destinação específica obedecerão às normas legais aplicáveis, permanecendo seus bens, direitos e obrigações separados dos do falido até o advento do respectivo termo ou até o cumprimento de sua finalidade, ocasião em que o administrador judicial arrecadará o saldo em favor da massa falida ou inscreverá na classe própria o crédito que contra essa remanescer; pelo artigo 120, tratando dos mandatos conferidos pelo devedor antes da falência, em seu § 1º está assentado que o mandato conferido para representação judicial continuará em vigor até que seja expressamente revogado pelo administrador judicial; pelo artigo 125, na falência do espólio ficará suspenso o processo de inventário, cabendo ao administrador judicial a realização de atos pendentes em relação aos direitos e obrigações da massa falida; estabelece o artigo 132 que a ação revocatória deverá ser proposta pelo administrador judicial, por qualquer credor ou pelo Ministério Público; pelo artigo 142 o juiz, ouvido o administrador judicial e atendendo à orientação do comitê, se houver, ordenará que se proceda à alienação do ativo em uma das modalidades, leilão por lances orais, propostas fechadas, pregão; diz o artigo 144 que havendo motivos justificados, o juiz poderá autorizar, mediante requerimento fundamentado do administrador judicial ou do comitê, modalidades de alienação judicial diversas das que previstas. É norma que vem completada no § 3º do artigo 145, ao prescrever que não sendo aprovada pela assembleia-geral de credores a proposta alternativa para a realização do ativo, cabe ao juiz decidir a forma que será adotada, levando em conta a manifestação do Administrador judicial e do comitê; segundo o artigo 148 o administrador judicial fará constar do relatório que previsto no inciso III do artigo 22 os valores eventualmente recebidos no mês vencido, explicitando a forma de distribuição dos recursos entre os credores, após cumpridas as obrigações extraconcursais e consolidado o quadro-geral de credores; no artigo 150 está prescrito que as despesas, cujo pagamento antecipado seja indispensável à administração da falência, inclusive na hipótese de continuação provisória das atividades, serão pagas pelo administrador judicial com os recursos disponíveis em caixa; nos termos do artigo 154 e seu § 3º, concluída a realização de todo o ativo e distribuído o produto entre os credores, o administrador apresentará suas contas ao juiz, esclarecendo eventuais pedidos relacionados à impugnações ao ato, se houver. Diz o § 5º do mesmo dispositivo que rejeitadas as contas do administrador judicial serão fixados os limites de sua responsabilização, com indisponibilidade ou sequestro de seus bens, visando a reparação da massa falida; prossegue o artigo 155 a dizer que, julgadas as contas do administrador judicial e apresentado o relatório final da falência, nele serão especificados e justificados os limites da responsabilidade do falido; na disciplina penal da matéria, prevê o artigo 177 sobre violação de impedimento, registrando o impedimento da figura, assim como do representante do Ministério Público, do gestor judicial, do perito, do avaliador, do escrivão, do oficial de justiça ou do leiloeiro, por si ou por interposta pessoa, em adquirir bens da massa falida ou de devedor em recuperação judicial. Do mesmo modo não podem participar de situações que revelem alguma especulação de lucro, quando tenham atuado nos respectivos processos; no artigo 179 está escrito que na falência, na recuperação judicial e na recuperação extrajudicial de sociedade, os seus sócios, diretores, gerentes, administradores e conselheiros, de fato ou de direito, bem como o administrador judicial, equiparam-se ao devedor ou falido para todos os efeitos penais decorrentes desta Lei, na medida de sua culpabilidade; no artigo 184 sobre os crimes previstos na Lei em exame, o seu parágrafo único estabelece que decorrido o prazo de oferecimento de denúncia pelo representante do Ministério Público, qualquer credor habilitado ou o próprio administrador judicial poderá oferecer ação penal privada subsidiária da pública, observado o prazo legal; finalmente, o artigo 186 reza, recomendando-se no inciso III do artigo 22, que o administrador apresentará ao juiz da falência, em relatório, exposição circunstanciada sobre as causas da falência, o procedimento do devedor, antes e depois da sentença, e outras informações detalhadas a respeito da conduta (do devedor) e de outros responsáveis envolvidos por atos que possam constituir crime relacionado com a recuperação judicial ou com a falência, ou delito a estes conexo.

Na Lei n. 14.112/2020, também para além daquilo tratado de modo especial neste pequeno ensaio, indicando os artigos que objeto de alterações e ou acréscimos: o artigo 36 estabelece que o edital de convocação da assembleia de credores será disponibilizado no sítio do administrador judicial; o § 5º do artigo 39 determina que as deliberações dos credores, nos formatos autorizados que não os votos dados presencialmente em assembleia de credores serão fiscalizados pelo administrador; o § 4º do artigo 56 estabelece que, uma vez rejeitado o plano de recuperação, o administrador judicial submeterá à votação da assembleia a concessão de prazo de 30 (trinta) dias para que seja apresentado plano de recuperação judicial elaborado pelos credores; o artigo 104, incisos I, II, V e XI cuidando dos deveres do falido, determina a assinatura nos autos, de termo de comparecimento, prestando, diretamente ao administrador judicial, em dia, local e hora designados, as informações, seguido da entrega dos livros obrigatórios e instrumentos de escrituração pertinentes, bem como papeis, documentos e senhas de acesso a sistemas contábeis, financeiros, bancários, arquivos eletrônicos pertinentes, indicando os que em poder de terceiros; e, ainda, apresentar ao administrador judicial a relação de seus credores em arquivo eletrônico; sobre o pedido de extinção de obrigações do falido, por sentença, o artigo 159, § 1º, determina à secretaria do juízo a obrigação de publicar informação a respeito do pedido, dele abrindo-se vista aos credores, administrador judicial e Ministério Público que poderão manifestar-se sobre eventuais inconsistências; o artigo 7º-A estabelece que, na falência, após as diligências primeiras que a Lei ordena, instada será a fazenda pública para apresentar, diretamente ao administrador judicial ou em juízo, a completa relação de seus créditos inscritos em dívida ativa, acompanhada dos cálculos da classificação e das informações sobre a situação atual, formais e objetivas de seus créditos. No mesmo artigo em seu § 3º, inciso I, está escrito que o falido, os demais credores e o administrador judicial se manifestarão a respeito; no mesmo texto, ainda, inciso V, está posto que o juiz anteriormente à homologação do quadro-geral de credores concederá prazo comum para que o administrador judicial e a fazenda pública titular de crédito objeto de reserva manifestem-se sobre a situação atual desses créditos; no mesmo artigo, § 4º, inciso IV, o administrador judicial e o juízo falimentar deverão respeitar a presunção de certeza e liquidez de que trata o artigo 3º da Lei n. 6.830, de 22 de setembro de 1980 (que cuida da cobrança judicial da dívida ativa da fazenda pública); o artigo 45-A, § 4º, prescreve como dever do Administrador judicial atestar a regularidade das manifestações recebidas, certamente que de credores, nos formatos que não o voto em assembleia; o artigo 56-A em seu § 2º, tratando ainda da apresentação pelo devedor de adesão prévia ao plano de recuperação, com oposição implicará na audiência expressa do administrador judicial; no artigo 69-H, versando o tema da consolidação processual e da consolidação substancial, determina-se que, na hipótese de a documentação de cada devedor ser considerada adequada, apenas um administrador judicial será nomeado; o artigo 114-A, em seu § 1º, estabelece que um ou mais credores poderão requerer o prosseguimento da falência desde que paguem as quantias necessária às despesas e aos honorários do administrador judicial, consideradas essas como despesas essenciais; prossegue a norma, em seu § 2º, a determinar que, não havendo manifestação dos interessados, o administrador judicial promoverá a venda dos bens arrecadados, os móveis em 30 (trinta) dias e os imóveis em 60 (sessenta) dias; quanto às insolvências transnacionais, o § 2º do artigo 167-A reza que, sobre as medidas de assistência aos processos estrangeiros solicitadas pelo representante estrangeiro, pela autoridade estrangeira ou pelo juízo brasileiro poderão ser deferidas pelo juiz competente ou promovidas diretamente pelo administrador judicial, com imediata comunicação nos autos; o artigo 167-E autoriza o administrador judicial brasileiro atuar em outros países, quando da falência ou equivalente, independentemente de decisão judicial, na qualidade de representante do processo brasileiro, desde que autorizada pela legislação do país em que tramitem os processos, podendo, o juiz, em caso de omissão, indicar terceiros para o mister; o artigo 167-G, conferindo aos credores estrangeiros os mesmos direitos conferidos aos credores nacionais afirma em seu § 1º, inciso II, que o crédito do representante estrangeiro

Seria mesmo impossível um texto legal exaurir todo o rol de atos cuja responsabilidade, iniciativa e participação recaiam sobre a figura-órgão do administrador judicial. Enfim, trata-se de um plural de atribuições, obrigando o trato da matéria de maneira necessariamente assistemática, o que passa a exigir atenção mais cuidadosa de exegetas e hermeneutas. Este último argumento mais se soleniza quando se reconhece que todo processo de recuperação tem suas singularidades.

1.1 ATRIBUIÇÕES COMUNS AO ADMINISTRADOR JUDICIAL NA RECUPERAÇÃO JUDICIAL E NA FALÊNCIA

São atribuições comuns do administrador judicial na recuperação judicial e na falência, o enviar correspondência aos credores constantes da relação que terá o devedor anexado à sua petição inicial de recuperação judicial, com a finalidade de, exatamente, propiciar que o próprio credor faça a conferência de sua situação quanto ao (seu) nome do credor, inclusive aqueles com obrigação de fazer ou de dar, constando dessa relação prévia, endereço, natureza, classificação, valor atualizado do crédito, com discriminação de sua origem, regime de seus respectivos vencimentos e indicação dos registros contábeis de cada transação pendente. É providência a ser adotada ainda nos casos de autofalência, isto

---

será aqui equiparado ao do Administrador judicial; sobre a cooperação com autoridades e representantes estrangeiros, o artigo 167-P e seus §§ 2º e 3º determinam que o juiz deverá cooperar diretamente ou por meio do administrador judicial, na máxima extensão possível, com as autoridades estrangeiras ou com representantes estrangeiros.

é, em que a falência tiver sido requerida pelo próprio devedor. Nesses casos, a atribuição desse administrador está na remessa da missiva, não lhe competindo, ainda, análise de conteúdo ou de mérito de cada situação (artigo 22, inciso I, em combinação com os artigos 55, inciso III, artigo 99, inciso III e artigo 105, inciso II). Dessa comunicação constará a data do pedido de recuperação judicial ou da falência, informação relevante como ponto de corte para bem conhecer e reconhecer o monte passivo envolvido no processo.[16]

É da competência genérica do administrador judicial exigir dos credores, do devedor ou de seus administradores, quaisquer informações pertinentes ao processo. A resistência ou recusa

[16] *Art. 22. Ao administrador judicial compete, sob a fiscalização do juiz e do Comitê, além de outros deveres que esta lei lhe impõe: I – na recuperação judicial e na falência: a) enviar correspondência aos credores constantes na relação de que trata o inciso III do caput do art. 51, o inciso III do caput do art. 99 ou o inciso II do caput do art. 105 desta lei, comunicando a data do pedido de recuperação judicial ou da decretação da falência, a natureza, o valor e a classificação dada ao crédito; b) fornecer, com presteza, todas as informações pedidas pelos credores interessados; c) dar extratos dos livros do devedor, que merecerão fé de ofício, a fim de servirem de fundamento nas habilitações e impugnações de créditos; d) exigir dos credores, do devedor ou seus administradores quaisquer informações; e) elaborar a relação de credores de que trata o § 2º do art. 7º desta Lei; f) consolidar o quadro-geral de credores nos termos do art. 18 desta Lei; g) requerer ao juiz da convocação da assembleia-geral de credores nos casos previstos nesta Lei ou quando entender necessária sua ouvida para a tomada de decisões; h) contratar, mediante autorização judicial, profissionais ou empresas especializadas para, quando necessário, auxiliá-lo no exercício de suas funções; i) manifestar-se nos casos previstos nesta lei;*

eventualmente oferecida propiciará que, a requerimento do administrador, o juiz determine o comparecimento de recalcitrantes em juízo, sob pena de crime de desobediência. Ser-lhe-á tomado depoimento por escrito na presença do administrador judicial. Cabe ao devedor, por intermédio do administrador judicial, fornecer todas as informações solicitadas pelos credores, disponibilizando a esses os correspondentes extratos dos livros e registros do devedor. Tais informações servirão de fundamento nas habilitações e nas impugnações de créditos. Cabe ao administrador judicial a verificação dos créditos, a partir de tais informações recolhidas, afinal, dos livros e registros do devedor, atestando-as sob fé de seu ofício. Com esses elementos, caber-lhe-á, ao fim, consolidar o quadro-geral de credores, ato relevante para se conhecer o tamanho e a qualidade do monte devedor (o monte passivo), sua conformação geral (uma combinação do artigo 22, inciso I, alíneas 'b', 'c', 'd', 'e' e 'f', com o § 2º do artigo 7º e com o artigo 18 e §§ 1º e 2º).

Compete-lhe, ainda, requerer ao juiz a convocação da assembleia-geral de credores nos casos previstos na Lei ou quando entender necessária a tomada de decisões que sejam do âmbito desse outro órgão. Poderá, o administrador judicial, contratar, mediante autorização judicial, profissionais ou empresas especializadas para, quando necessário, auxiliá-lo no exercício de suas funções. Não se trata, no caso, de delegação de função que se reconhece de caráter personalíssimo (artigo 22, inciso I, alíneas 'g', 'h' e 'i').

Em síntese, desse artigo se retira considerações relevantes e que vão se consolidando quanto aos fazeres do administrador que estão presentes em dispositivos vários, difusos, porém combinados, permeando a presença da figura em toda a extensão do texto legal; são várias e tantas as atribuições do órgão, utilizando-se de verbos e alocuções verbais as mais variadas, atribuindo-lhe funções, permitindo-se, em lenta caminhada, o desenho de seu conceito amplo. Outra conclusão neste entrecho é a da valorização do contratualismo, com a preservação do magistrado, realçando-se o fenômeno da desjudicialização do processo e a sua consequente celeridade.

1.2 ATRIBUIÇÕES DO ADMINISTRADOR JUDICIAL NA RECUPERAÇÃO JUDICIAL

Caberá ao Administrador judicial, na ação de recuperação judicial, o fiscalizar das atividades do devedor, com destaque no que respeita ao cumprimento do plano de recuperação proposto. A ele caberá, dentre suas mais graves atribuições, o requerer a falência no caso de descumprimento de obrigações assumidas no plano de recuperação, a partir de deliberação a ser tomada no âmbito da assembleia de credores. É sua obrigação apresentar ao juiz, para juntada aos autos, o relatório mensal das atividades do devedor-recuperando, com destaque para a apresentação do relatório circunstanciado sobre a execução do plano de recuperação, na aferição do cumprimento das obrigações vencidas no lapso de 2 (dois) anos contados da concessão da recuperação. Esse relatório será norteador da sentença de encerramento do processo (artigo 22, inciso II, alíneas 'a', 'b', 'c' e 'd', combinado com os artigos 61, 62, 63 e seus parágrafos e incisos).[17]

[17] Prosseguindo o artigo 22 sobre a competência do administrador judicial – *II – Na recuperação judicial: a) fiscalizar as atividades do*

Mais adiante cogitar-se-á do enquadramento conceitual do administrador judicial. Necessário, no entanto, a antecipação de relevante percepção segundo a qual, nesta fase, menos do que efetivamente um administrador, a tarefa a ser desempenhada pela figura está no ato de fiscalização dos atos do devedor e de ordenação dos papéis pertinentes ao pretendido plano de recuperação. Nessa fase, propriamente, não há o que ser administrado com o rigor do que compreenda a ação de administrar, porque os administradores dos interesses do devedor não são arredados de suas funções. Ou, de outro modo, só o serão em casos especiais quando se nomeará para a gestão ordinária do recuperando a figura do gestor judicial. É, portanto, o Administrador judicial, na ação de recuperação judicial, um fiscal, um olheiro do juiz. Embora simples a conclusão do ponto de vista do discurso, na vida prática tem-se que este é um ponto sensível no que respeita às atribuições do administrador e da própria ação de recuperação judicial porque, em sendo malconduzida a gestão natural dos negócios, esta ação fiscalizadora acaba por compreender, também, uma certa missão denunciadora (denunciadora de más práticas se e enquanto verificadas essas). Nunca será uma tarefa fácil o administrador, a partir de sua ação fiscalizadora, promover a denúncia em juízo da necessidade de se arredar a administração da recuperanda, aqueles que dela sejam os seus administradores

---

devedor e o cumprimento do plano de recuperação judicial; b) requerer a falência no caso de descumprimento de obrigação assumida no plano de recuperação; c) apresentar ao juiz, para juntada aos autos, relatório mensal das atividades do devedor; d) apresentar o relatório sobre a execução do plano de recuperação, de que trata o inciso III do caput do art. 63 desta lei.

estatutários ou contratuais. A medida, certamente, se dará calçada em provas irrefutáveis da necessidade dessa substituição. Entra em causa, certamente, a necessidade de se proteger e recuperar a atividade empresarial envolvida, mais do que a salvação da figura do empresário.

1.3 ATRIBUIÇÕES DO ADMINISTRADOR JUDICIAL NA FALÊNCIA

Decretada a falência do devedor e nomeado o administrador judicial, a esse caberá avisar, pelo órgão oficial, o lugar e a hora em que, diariamente, os credores terão à sua disposição os livros e os documentos do falido, com a finalidade de examinar a escrituração do devedor; caber-lhe-á relacionar os processos e assumir a representação judicial da massa falida; receber e abrir a correspondência dirigida ao devedor no que for pertinente aos interesses do processo. Apresentará, o administrador judicial, no prazo de 40 (quarenta) dias contados da assinatura do termo de compromisso, prorrogável por igual período, relatório sobre as causas e as circunstâncias que terão conduzido à situação de falência. Na medida em que conclusivo, apontará, o relatório, a responsabilidade civil e penal dos envolvidos. Para efeitos do procedimento penal, a exposição haverá de ser circunstanciada, sopesando as causas da falência, o comportamento do falido antes e depois da sentença, com informações detalhadas a respeito da conduta do devedor e de outros responsáveis, caso existentes, em relação aos atos que possam constituir crimes relacionados com a recuperação judicial ou com a falência ou outro delito conexo com estes (artigo 22, inciso III, alíneas 'a', 'b', 'c', 'd' e 'e' combinado com o artigo 186).[18] Não mais se estará a tratar de atos de fiscalização. Entrega-se a chave do que se passará a chamar de massa falida ao seu novo e exclusivo administrador, o administrador judicial.

Compete, ainda, ao Administrador judicial, arrecadar os bens e documentos do devedor, elaborando o necessário auto de arrecadação, que se comporá de inventário e respectivos laudos de avaliação dos bens, que será assinado pelo próprio Administrador judicial, pelo falido ou seus representantes e por outras pessoas que presenciarem o ato. Ao auto de arrecadação seguirá a avaliação dos bens, fazendo-a separadamente ou em bloco, seguido de requerimento ao magistrado das medidas que cada caso sugerir. Os bens arrecadados ficarão sob a guarda do administrador judicial ou de pessoa por ele escolhida, podendo ser o próprio falido. O administrador avaliará os bens arrecadados ou mandará fazê-lo, contratando profissionais para o mister, mediante autorização judicial. Praticará, o administrador, os atos necessários à

18 Prosseguindo ainda o mesmo artigo a respeito da competência do administrador judicial – *III – na falência: a) avisar, pelo órgão oficial, o lugar e hora em que, diariamente, os credores terão à sua disposição os livros e documentos do falido; b) examinar a escrituração do devedor; c) relacionar os processos e assumir a representação judicial da massa falida; d) receber e abrir correspondência dirigida ao devedor, entregando a ele o que não for assunto de interesse da massa; e) apresentar, no prazo de 40 (quarenta) dias, contado da assinatura do termo de compromisso, prorrogável por igual período, relatório sobre as causas e circunstâncias que conduziram à situação de falência, no qual apontará a responsabilidade civil e penal dos envolvidos, observado o disposto no art. 186 desta Lei.*

realização do ativo e ao pagamento dos credores. Caber-lhe-á requerer ao juiz a venda antecipada de bens perecíveis, deterioráveis ou sujeitos à desvalorização, o mesmo procedimento cabendo em relação aos bens que sejam de conservação arriscada ou dispendiosa. Para essa venda, dependerá o administrador da autorização judicial, ouvidos o comitê e o falido no prazo de 48 (quarenta e oito) horas. Caber-lhe-á, enfim, praticar todos os atos conservatórios de direitos e ações de interesse da massa, em termos amplos, diligenciando a cobrança de dívidas e dando-lhes as respectivas quitações. Caber-lhe-á remir, em benefício da massa falida e mediante autorização judicial, os bens apenhados, penhorados ou legalmente retidos (artigo 22, inciso III, alíneas 'e', 'f', 'g', 'h', 'i', 'j', 'l' e 'm', em combinação com os artigos 108, 110 e 113).[19] Integrará as conclusões ao fim, a compreensão da figura do administrador judicial como órgão. Fácil já se verifica o encaminhamento desta conclusão. As sociedades empresárias são ordinariamente admi-

[19] Recolhe-se, ainda do mesmo artigo 22 como competência do administrador judicial: *f) arrecadar os bens e documentos do devedor e elaborar o auto de arrecadação, nos termos dos arts. 108 e 110 desta Lei; g) avaliar os bens arrecadados; h) contratar avaliadores, de preferência oficiais, mediante autorização judicial, para a avaliação dos bens caso entenda não ter condições técnicas para a tarefa; i) praticar os atos necessários à realização do ativo e ao pagamento dos credores; j) requerer ao juiz a venda antecipada de bens perecíveis, deterioráveis ou sujeitos a considerável desvalorização ou de conservação arriscada ou dispendiosa, nos termos do art. 113 desta Lei; l) praticar todos os atos conservatórios de direitos e ações, diligenciar a cobrança de dívidas e dar a respectiva quitação; m) remir, em benefício da massa e mediante autorização judicial, bens apenhados, penhorados ou legalmente retidos.*

nistradas por seus órgãos próprios (conselho de administração e diretoria). Pois são essas as atribuições que, na falência, se confere à figura do administrador judicial.

O administrador judicial será, então, o representante legal da massa falida. Nesse poder de representação está compreendida a autorização expressa para a contratação, quando necessária, de advogados, cujos honorários serão previamente ajustados e necessariamente aprovados pelo comitê de credores, se existente. A remuneração dos auxiliares do administrador judicial será fixada pelo juiz, considerando-se a complexidade do trabalho e os valores praticados no mercado. Caber-lhe-á requerer as medidas e diligências necessárias ao cumprimento da Lei, visando a proteção da massa falida e a eficiência da sua administração. Ao Administrador judicial caberá, nessa representação em juízo, promover a juntada, mensalmente (a Lei recomenda que o faça até o décimo dia do mês seguinte), da 'conta demonstrativa da administração', que especifique com clareza as receitas e as despesas da massa falida. À mingua de uma expressão consagrada para melhor compreensão dessa obrigação, a Lei se contentou com um genérico: 'conta demonstrativa'. Sugere o texto o estabelecimento de uma rotina, com a entrega, nos autos, de uma periódica demonstração contábil real das despesas e das receitas, ainda que resumida, mas com apuração do saldo mensal desse encontro, numa tomada de temperatura do estado financeiro da massa falida. Compete-lhe, ainda, quando de sua destituição ou renúncia, entregar ao substituto todos os bens e documentos da massa em seu poder, sob pena de responsabilização. Neste passo, se está a cogitar de uma desobediência omissiva praticada pelo administrador judicial. De resto, cabe ao administrador aquela prestação de contas ao final do processo, ou quando for substituído, destituído ou quando renunciar ao cargo (artigo 22, inciso III, alíneas 'n', 'o', 'p', 'q' e 'r' e seu § 1º).[20]

Na falência, o administrador judicial não poderá, sem autorização judicial, após ouvidos o comitê, se existente, e o devedor, no prazo comum de 2 (dois) dias, transigir sobre obrigações e direitos da massa falida e conceder abatimento de dívida, ainda que considerados de difícil recebimento. A norma, no ponto, apenas põe um freio à ação isolada do administrador judicial. Não se trata, no entanto, de proibição de concessões que sejam necessárias ou razoáveis para o caso, apenas se está a exigir que dessa decisão participem outros atores do processo. Se o relatório do administrador apontar para alguma responsabilidade penal de qualquer dos envolvidos (por envolvidos, de se entender a figura do falido,

---

[20] Prosseguindo, ainda, na falência, caberá ao administrador judicial: *n) representar a massa falida em juízo, contratando, se necessário, advogado, cujos honorários serão previamente ajustados e aprovados pelo Comitê de Credores; o) requerer todas as medidas e diligências que forem necessárias para o cumprimento desta Lei, a proteção da massa ou a eficiência da administração; p) apresentar ao juiz para juntada aos autos, até o 10º (décimo) dia do mês seguinte ao vencido, conta demonstrativa da administração que especifique com clareza a receita e a despesa; q) entregar ao seu substituto todos os bens e documentos da massa em seu poder, sob pena de responsabilidade; r) prestar contas ao final do processo, quando for substituído, destituído ou renunciar ao cargo.*

§ 1º As remunerações dos auxiliares do administrador judicial serão fixadas pelo juiz, que considerará a complexidade dos trabalhos a serem executados e os valores praticados no mercado para o desempenho de atividades semelhantes.

seus administradores, detentores de parcelas de seu capital social e os próprios credores em eventual conluio ou em iniciativa prejudicial à massa e os terceiros que tenham concorrido para o delito), será necessária a intimação do representante do Ministério Público para, conhecendo o teor da nota (fala-se em nota porque o texto legal se limita a dizer apontamento), adotar as providências que entender cabíveis (artigo 22, §§ 3º e 4º).[21]

O Administrador judicial que não apresentar suas contas ou qualquer dos relatórios previstos, no tempo legalmente assinalado, será pessoalmente intimado para fazê-lo no prazo de 5 (cinco) dias, sob pena de incidir no crime de desobediência. Dessa omissão resultará a destituição do Administrador judicial, com a nomeação de seu substituto que terá a tarefa de elaborar os relatórios e organizar as contas, explicitando a responsabilização de seu antecessor. O crime de desobediência, nesse campo, aparece por duas vezes. Na primeira delas o Administrador judicial aparece como autoridade que, desobedecida, recorre ao magistrado para obrigar as pessoas a deporem em juízo (pratica-se, pois, ato próprio da autoridade de sua função). Na segunda, é o próprio Administrador que, descumprindo ministério seu, é tratado como

---

[21] *§ 3º Na falência, o administrador judicial não poderá, sem autorização judicial, após ouvidos o Comitê e o devedor no prazo comum de 2 (dois) dias, transigir sobre obrigações e direitos da massa falida e conceder abatimentos de dívidas, ainda que sejam consideradas de difícil recebimento.*

§ 4º Se o relatório de que trata a alínea e do inciso III do caput *deste artigo apontar responsabilidade penal de qualquer dos envolvidos, o Ministério Público será intimado para tomar conhecimento de seu teor.*

autor do delito omissivo do crime de desobediência (§ 2º do artigo 22 e artigo 23 e parágrafo único).[22]

Essa matéria não pode ser analisada apenas na superfície. De ofício ou a requerimento de qualquer interessado, poderá o juiz determinar a destituição do administrador judicial, desde que verificada desobediência aos preceitos da lei em causa, descumprimento de deveres, omissão, negligência ou prática de ato lesivo às atividades do devedor ou a terceiros. O administrador destituído, ou que deixou de prestar contas dentro dos prazos legais ou que teve a sua prestação de contas desaprovada, não poderá exercer este cargo pelo prazo de 5 (cinco) anos contados da destituição. É sansão específica (artigos 30 e 31 da lei, em textos combinados).

---

22 A desobediência do falido ou de seus representantes está no § 2º do examinado artigo 22: *§ 2º Na hipótese da alínea* d *do inciso I do* caput *deste artigo, se houver recusa, o juiz, a requerimento do administrador judicial, intimará aquelas pessoas para que compareçam à sede do juízo, sob pena de desobediência, oportunidade em que as interrogará na presença do administrador judicial, tomando seus depoimentos por escrito.*

Da outra desobediência cuida o artigo 23 e seu parágrafo único: *Art. 23. O administrador judicial que não apresentar, no prazo estabelecido, suas contas ou qualquer dos relatórios previstos nesta Lei será intimado pessoalmente a fazê-lo no prazo de 5 (cinco) dias, sob pena de desobediência.*

Parágrafo único. Decorrido o prazo do caput *deste artigo, o juiz destituirá o administrador judicial e nomeará substituto para elaborar relatórios ou organizar as contas, explicitando as responsabilidades de seu antecessor.*

1.4 MODIFICAÇÕES E ACRÉSCIMOS TRAZIDOS COM A LEI N. 14.112, DE 24 DE DEZEMBRO DE 2020

Com essa nova Lei, alterações se deram quanto à atividade do administrador judicial, tanto em relação àquelas compreendidas como atribuições comuns à recuperação judicial e à falência, assim como aquelas especiais para a ação de recuperação judicial e aquelas especiais para os casos de falência.

1.4.1 As alterações e acréscimos para as atribuições comuns à recuperação judicial e à falência

No texto original, essas atribuições contidas no artigo 22, inciso I, terminavam na alínea 'i', que passou a ser acrescido de quatro outras alíneas, ficando a cargo da figura, o estimular, sempre que possível, a conciliação, a mediação e outros métodos alternativos de solução de conflitos relacionados à recuperação judicial e à falência, respeitados os direitos de terceiros, fazendo-o em consonância com a regra geral já consagrada no Código de Processo Civil (§ 3º do artigo 3º da Lei n. 13.105, de 16 de março de 2015). Era inovação ansiada pela sociedade brasileira. Sendo as leis de recuperação e de falência consideradas leis especiais, as decisões a respeito da possibilidade do uso de métodos alternativos de solução de conflitos estavam, onerosamente, a cargo da boa doutrina e da jurisprudência em construção. É preciso trazer a texto a afirmação de que os atos de empresa são, por excelência, atos compreendidos no universo próprio daqueles meios alternativos de solução de conflitos (direitos patrimoniais) disponíveis. Embora os meios alternativos para solução de controvérsias não fossem exatamente proibidos, a dúvida conspirava contra o bom andamento dos processos e dos procedimentos.[23] Em atualização modernizadora, agora cabe ao Administrador judicial manter endereço eletrônico na rede mundial de computadores (internet), com informações atualizadas sobre os processos de falência e de recuperação judicial, com a opção de consulta às peças principais do processo, salvo improvável decisão judicial propondo comportamento diverso; devendo, ainda, o administrador judicial manter endereço eletrônico específico para o recebimento de pedidos de habilitação ou a apresentação de divergências, ambas, atividades de âmbito administrativo, seguindo-se modelos que poderão ser utilizados pelos credores, salvo decisão judicial em sentido contrário. Fica assinalado prazo não superior a 15 (quinze) dias para as respostas aos ofícios e às solicitações enviadas por outros juízos e órgãos públicos, sem necessidade de prévia deliberação do juízo, devendo, pois, o administrador admitir essa prática como um de seus atos-funções (artigo 22, inciso I, alíneas 'j', 'k', 'l' e 'm').[24] É

[23] Esse tema, registre-se, não está tratado apenas na alínea objeto desta abordagem. Em seção própria, tratando das conciliações e das mediações antecedentes ou incidentais aos processos de recuperação judicial, o tema é tratado com propriedade, não mais, a respeito, subsistindo dúvida razoável quanto à sua recepção pelos institutos da recuperação judicial e da falência (*Seção II – A, "Das conciliações e das mediações antecedentes ou incidentais aos processos de recuperação judicial"*, artigos 20 – A e seguintes).

[24] As alíneas acrescidas ao inciso I do artigo 22: *j) estimular, sempre que possível, a conciliação, a mediação e outros métodos alternativos de solução de conflitos relacionados à recuperação judicial e à falência, respeitados os direitos de terceiros, na forma do § 3º da Lei n. 13.105, de 16 de março de 2015 (Código de Processo Civil; k) manter endereço eletrônico na internet, com informações atualizadas sobre os processos de falência e de recuperação judicial, com a*

nítida a modernização na forma do cumprimento daquelas atribuições analisadas anteriormente, no texto original. São providências que agilizarão o andamento dos processos. Andou bem o legislador.

1.4.2 As alterações e acréscimos havidos nas atribuições na ação de recuperação judicial

Nesta sede, a Lei nova altera o disposto no artigo 22, inciso II, alínea 'c',[25] do texto original, para dizer, em aprimoramento daquela norma, que é atribuição do administrador judicial apresentar ao juiz, para juntada aos autos, relatório mensal das atividades do devedor, atestando a veracidade e a conformidade das informações prestadas pelo devedor. E acrescenta, ao mesmo artigo, outras quatro alíneas, criando atribuições novas a saber: fiscalizar o decurso das tratativas e a regularidade das negociações entre devedor e credores; assegurar que devedor e credores não adotem expedientes dilatórios, inúteis ou, em geral, prejudiciais ao regular andamento das negociações; assegurar que as

---

opção de consulta às peças principais do processo, salvo decisão judicial em sentido contrário; l) manter endereço eletrônico específico para o recebimento de pedidos de habilitação ou a apresentação de divergências, ambos em âmbito administrativo, com modelos que poderão ser utilizados pelos credores, salvo decisão judicial em sentido contrário; m) providenciar, no prazo de 15 (quinze) dias, as respostas aos ofícios e às solicitações enviadas por outros juízos e órgãos públicos, sem necessidade de prévia deliberação do juízo.

[25] Aquela alínea 'c' passa a vigorar com a seguinte redação: *c) apresentar ao juiz, para juntada aos autos, relatório mensal das atividades do devedor, fiscalizando a veracidade e a conformidade das informações prestadas pelo devedor.*

negociações realizadas entre devedor e credores reger-se-ão pelos termos convencionados entre os interessados ou, na falta de acordo, pelas regras propostas pelo próprio administrador judicial e homologadas pelo juiz, observado o princípio da boa-fé para solução construtiva de consensos, que acarretem maior efetividade econômico-financeira e proveito social para os agentes econômicos envolvidos; e de resto, apresentar, para juntada aos autos e no endereço eletrônico disponibilizado, o relatório mensal das atividades do devedor, assim como o relatório sobre o plano de recuperação judicial, o que se dará em prazo de até 15 (quinze) dias, contados da apresentação do plano de recuperação, atestando a veracidade e a conformidade das informações que terão sido prestadas pelo devedor, além de informar eventual ocorrência das condutas elencadas no artigo 64 da Lei, aquelas que o legislador considera graves para a ação de recuperação proposta. Para bem apreender o conteúdo de fundo dessa norma é preciso recorrer ao elenco de delitos ou vedações que o dispositivo abriga. O devedor pretendente da recuperação judicial não pode ter praticado os seguintes delitos: não pode ter sido condenado em sentença penal transitada em julgado por crime cometido em recuperação judicial ou falências anteriores ou por crime contra o patrimônio, a economia popular ou a ordem econômica, previstos na legislação; não pode haver indícios veementes de ter cometido crime previsto na Lei de Recuperação e de Falência (atente-se para o grau de subjetividade compreendido na expressão genérica adotada na lei: 'indícios veementes'); não pode ter agido com dolo, simulação ou fraude contra os interesses de seus credores; não pode ter praticado as condutas de gastos pessoais manifestamente excessivos em relação à sua situação patrimonial, despesas injustificáveis por sua natureza ou vulto, em relação ao capital ou gênero de negócio, ao movimento das operações e a outras circunstâncias análogas; não pode ter descapitalizado injustificadamente a empresa ou realizado operações prejudiciais ao seu funcionamento regular; não pode ter simulado ou omitido créditos ao apresentar a relação de credores que, como visto, deverá ter acompanhado a petição de ingresso; não pode, pelo mesmo conjunto de razões, ter negado prestar informações solicitadas pelo administrador ou pelos demais membros do comitê; não pode ter o seu afastamento previsto no plano de recuperação judicial. As hipóteses de ilícitos que a Lei descreve e individualiza, uma vez verificada qualquer delas, implicarão na destituição do administrador (administrador da sociedade, administrador do pretenso recuperando), com sua substituição, o que se dará ou na forma prevista nos atos constitutivos do devedor ou na forma em que estabelecido no plano de recuperação judicial. O administrador escolhido pela assembleia de credores, nesse caso, exercerá as funções de 'gestor judicial',[26] submetido às normas que regem a figura do administrador judicial, inclusive quanto a impedimentos e quanto à remuneração (artigo 22, inciso II, alíneas 'j', 'k', 'l' e 'm' e artigos 64 e 65 combinados entre si e com o artigo 51).[27]

---

26 Não pode ficar sem a devida nota a sempre inconveniente, embora legalmente prevista, nomeação de estranho para gerir negócios empresariais. Fica rompida a relação de fidúcia entre a empresa, o devedor, e a comunidade de fornecedores, clientes-consumidores, empregados e toda a cadeia de relações. Os precedentes de catástrofe quando da nomeação de 'gestor judicial' ocupam páginas e páginas dos horrores resultantes dessa intervenção judicial.

27 As alíneas acrescidas: *e) fiscalizar o decurso das tratativas e a regularidade das negociações entre devedor e credores; f) assegurar que devedor e credores não adotem expedientes dilatórios, inúteis ou, em*

1.4.3 As alterações e acréscimos havidos naquelas atribuições na ação de falência

Na ação de falência, a Lei nova altera as alíneas 'c' e 'j' do já examinado artigo 22, além de, também, lhe fazer acréscimos, de modo que fica a cargo do administrador judicial a atribuição de relacionar os processos e assumir a representação judicial e extrajudicial da massa falida, incluídos os procedimentos arbitrais. No ponto, comete o texto legal um equívoco de linguagem ao afirmar 'processos arbitrais'. Não existem processos arbitrais, mas procedimentos arbitrais. Fica, ainda, na sua atribuição, o proceder à venda de todos os bens da massa falida, assinalando-se, para tanto, o prazo máximo de 180 (cento e oitenta) dias, contado da data da juntada do auto de arrecadação, sob pena de sua destituição, salvo por impossibilidade fundamentada, reconhecida por decisão judicial. Ao contrário do que possa parecer, essa atribuição tem na sua mira o impedir a perda de valor dos ativos arrecadados, dando ênfase à recuperação da atividade empresarial, mais

geral, prejudiciais ao regular andamento das negociações; g) assegurar que as negociações realizadas entre devedor e credores sejam regidas pelos termos convencionados entre os interessados ou, na falta de acordo, pelas regras propostas pelo administrador judicial e homologadas pelo juiz, observado o princípio da boa-fé para solução construtiva de consensos, que acarretem maior efetividade econômico-financeira e proveito social para os agentes econômicos envolvidos; h) apresentar, para juntada aos autos, e publicar no endereço eletrônico específico relatório mensal das atividades do devedor e relatório sobre o plano de recuperação judicial, no prazo de até 15 (quinze) dias contado da apresentação do plano, fiscalizando a veracidade e a conformidade das informações prestadas pelo devedor, além de informar eventual ocorrência das condutas previstas no art. 64 desta Lei.

do que simplesmente tratar da salvação da empresa como a pessoa empresarial, a pessoa do devedor. Atente-se para essa consideração que é de extraordinária relevância na compreensão de que a recuperação da atividade empresarial, nalguma medida, estará presente no próprio processo de falência. Esta percepção conduz àquela compreensão então de que também no processo de liquidação se contém alguma recuperação. De resto fica, na falência, a cargo do administrador judicial, o encargo de arrecadar os valores dos depósitos realizados em processos administrativos ou judiciais nos quais o falido figure como parte, oriundos de penhoras, de bloqueios, de apreensões, de leilões, de alienação judicial e de outras hipóteses de constrição judicial. Neste ponto, ficam ressalvados o disposto nas Leis n. 9.703, de 17 de novembro de 1998, e n. 12.099, de 27 de novembro de 2009 (ambas dispondo sobre os depósitos judiciais e extrajudiciais de tributos e outras contribuições federais), bem como na Lei Complementar n. 151, de 5 de agosto de 2015, que revoga outras leis complementares tratando de matéria tributária. Nessa parte final, o que pretende a lei é impedir que algum movimento possa comprometer os privilégios, que não são poucos, conferidos aos créditos públicos de natureza fiscal-tributária. É assunto que merece um outro ensaio, outro tipo de reflexão, para que por aqui não se desvie o foco e o propósito de se estudar a figura-órgão do administrador judicial (artigo 22, inciso III, alíneas 'c', 'j' e 's').[28]

[28] As alíneas modificadas: *c) relacionar os processos e assumir a representação judicial e extrajudicial, incluídos os processos arbitrais, da massa falida;* (...) *j) proceder à venda de todos os bens da massa falida no prazo máximo de 180 (cento e oitenta) dias, contado da data da juntada do auto de arrecadação, sob pena de destituição, salvo por impossibilidade fundamentada, reconhecida por decisão judicial.*

No que tange à *cross border insolvence*, as insolvências transnacionais, a Lei inova estabelecendo forma de representação e de cooperação do judiciário brasileiro com os demais ordenamentos jurídicos (artigos 167-A a 167-Y, 189-A e 193-A), trazendo, neste sítio, mais uma série de atribuições específicas ao administrador judicial. Nessa parte, quanto às básicas deliberações legais, o administrador judicial ganha a representação dos interesses da massa falida nos processos estrangeiros onde estejam a tramitar. O crédito do representante estrangeiro, no Brasil, por equiparação, receberá tratamento correspondente àquele que conferido à remuneração do administrador judicial, gozando, portanto, e na medida própria, de certa extraconcursalidade. Fica agregado à figura do administrador judicial o dever de cooperação com as interfaces dos processos estrangeiros, o que necessariamente pressupõe uma necessária correspondência e uma harmonização dos interesses em jogo. De fato, a legislação brasileira se ressentia de normas a respeito. Pela extensão e pela relevância do tema, à falta de doutrina e da jurisprudência a respeito, ambas ainda por serem construídas, também esse tema é matéria que reclama, noutro ensaio, exame mais próprio.[29]

A alínea acrescida: *s) arrecadar os valores dos depósitos realizados em processos administrativos ou judiciais nos quais o falido figure como parte, oriundos de penhoras, de bloqueios, de apreensões, de leilões, de alienação judicial e de outras hipóteses de constrição judicial, ressalvado o disposto nas Leis ns. 9.703, de 17 de novembro de 1998, e 12.099, de 27 de novembro de 2009, e na Lei Complementar n. 151, de 5 de agosto de 2015.*

[29] Na parte em que a Lei 14.112/2020 cuida da insolvência transnacional, por relevante, tratam do administrador judicial os seguintes dispositivos: *Art. 167-E. São autorizados a atuar em outros países,*

independentemente de decisão judicial, na qualidade de representante do processo brasileiro, desde que essa providência seja permitida pela lei do país em que tramitem os processos estrangeiros: (...) II – o administrador judicial, na falência. (...)

Art. 167-G. Os credores estrangeiros têm os mesmos direitos conferidos aos credores nacionais nos processos de recuperação judicial, de recuperação extrajudicial ou de falência. § 1º Os credores estrangeiros receberão o mesmo tratamento dos credores nacionais, respeitada a ordem de classificação dos créditos prevista nesta Lei, e não serão discriminados em razão de sua nacionalidade ou da localização de sua sede, estabelecimento, residência ou domicílio, respeitado o seguinte: (...) II – O crédito do representante estrangeiro será equiparado ao do administrador judicial nos casos em que fizer jus a remuneração, exceto quando for o próprio devedor ou seu representante.

Tratando da cooperação com autoridades e representantes estrangeiros: *Art. 167-P. O juiz deverá cooperar diretamente ou por meio do administrador judicial, na máxima extensão possível, com a autoridade estrangeira ou com representantes estrangeiros, na persecução dos objetivos estabelecidos no art. 167-A desta lei. (...) § 2º O administrador judicial, no exercício de suas funções e sob a supervisão do juiz, deverá cooperar, na máxima extensão possível, com a autoridade estrangeira ou com representantes estrangeiros, na recuperação dos objetivos estabelecidos no art. 167-A desta Lei. § 3º O administrador judicial, no exercício de suas funções poderá comunicar-se com as autoridades estrangeiras ou com os representantes estrangeiros.*

A respeito, recomenda-se: **A insolvência transnacional**: para além da regulação estatal e na direção dos acordos de cooperação; SATIRO, Francisco; CAMPANA FILHO, Paulo Fernando. A insolvência transnacional: para além da regulação estatal e na direção dos acordos de cooperação. *In:* TOLEDO, Paulo Fernando Campos Salles de; SATIRO, Francisco (coord.). **Direito das empresas em crise**: problemas e soluções. Instituto Brasileiro de Estudos de Recuperação de Empresas. São Paulo: Quartier Latin, 2012. p. 118-140; BRITO, Maria Helena. **Falências**

1.5 A REMUNERAÇÃO DO ADMINISTRADOR JUDICIAL

O juiz fixará o valor e a forma de pagamento da remuneração do administrador judicial, observando-se a capacidade de pagamento do devedor, o grau de complexidade do trabalho e os valores praticados no mercado para o desempenho de atividades semelhantes. O valor total pago não excederá 5% (cinco por cento) do valor devido aos credores submetidos à recuperação judicial ou do valor de venda dos bens na hipótese de falência. Do valor total se reservará o correspondente a 40% (quarenta por cento) para pagamento após aquela apresentação e aprovação de contas prevista na Lei. O administrador judicial substituído será remunerado proporcionalmente pelo trabalho realizado. Não terá, todavia, direito à paga se tiver renunciado sem relevante razão ou se destituído por desídia, culpa, dolo ou descumprimento

---

internacionais. Separata, Estudos em Memória do Professor Doutor José Dias Marques. Lisboa: Almedina, 2007; GLOSBAND, Daniel M.; KELAIKOS, George M.; HON BURTON, R Mekeloy; JOSEFINA, F.; SALINA, A.; SCAMON, Scott K.; SILVERMAN, Ronald J. **Cross-Border Insolvency in the United States, The American Bankruptcy Institute Guide**. Wolf and Samsan PC, N. York, 2008; MASON, Salind. **Cross-border insolvence law**: where private international law and insolvency law meet. International Insolvency Law, Themes and Perspective, Sussex Institute University of Sussex, UK, Market and the Law, Routledge Taylor and Francis Group. London and New York, 2016; OMAR, Paul J. **International insolvency law, themes and perspecritve**. Markets and the Law, Routrlege Taylor and Francis Group – London and New York, NY, 1007, 2016; RAJAK, Harry. **The culture of bankruptcy in international law themes and perspective**. Sussex Institute University of Sussex, UK, Market and the Law, Routledge Taylor and Francis Group, London and New York, 2016.

das obrigações fixadas na Lei. Também não terá direito à remuneração o administrador que tiver suas contas desaprovadas. Caberá ao devedor ou à massa falida arcar com as despesas relativas à remuneração do administrador judicial, bem como das pessoas eventualmente contratadas para auxiliá-lo (artigo 24 com a inclusão do parágrafo 5º e artigo 25 combinados com os artigos 154 e 155, esses dois últimos cânones cuidando das contas do administrador, de seu relatório e de sua aprovação).[30]

Admite a lei a redução dessa remuneração, para o limite de 2% (dois por cento) no caso de recuperação proposta por microempresas e empresas de pequeno porte, incluindo, na categoria, os produtores rurais. Percebe-se uma incoerência da legislação ao tratar o assunto em relação aos assessores ou aos contratados

[30] *Art. 24. O juiz fixará o valor e a forma de pagamento da remuneração do administrador judicial, observados a capacidade de pagamento do devedor, o grau de complexidade do trabalho e os valores praticados no mercado para o desempenho de atividades semelhantes. § 1º Em qualquer hipótese, o total pago ao administrador judicial não excederá 5% (cinco por cento) do valor devido aos credores submetidos à recuperação judicial ou do valor de venda dos bens na falência. § 2º Será reservado 40% (quarenta por cento) do montante devido ao administrador judicial para pagamento após atendimento do previsto nos arts. 154 e 155 desta Lei. § 3º O administrador judicial substituído será remunerado proporcionalmente ao trabalho realizado, salvo se renunciar sem relevante razão ou for destituído de suas funções por desídia, culpa, dolo ou descumprimento das obrigações fixadas nesta Lei, hipótese em que não terá direito a remuneração. § 4º Também não terá direito a remuneração o administrador que tiver suas contas desaprovadas*

Art. 25. Caberá ao devedor ou à massa falida arcar com as despesas relativas à remuneração do administrador judicial e das pessoas eventualmente contratadas para auxiliá-lo.

do próprio administrador, se lhes pagando valores de mercado, considerando-se, como paradigmas, serviços semelhantes. Para o próprio administrador, no entanto, adotou-se e se mantém a velha prática de se autorizar a remuneração, mirando-se em expressivo percentual daquele monte passivo. Decididamente não parece a melhor solução.

Na legislação portuguesa, no seu Código de Insolvência e de Recuperação da Empresas – CIRE, a remuneração do administrador judicial recebe tratamento especial, remetendo-se ao estatuto próprio que regula a atividade, preservando-lhe o direito de reembolso das despesas que razoavelmente tenha considerado úteis ou indispensáveis no exercício da função. Quando a eleição do administrador judicial se der mediante assembleia de credores, a esse órgão incumbirá decidir sobre a sua remuneração. Desse modo, o administrador que não concordar com a remuneração, fixada pela assembleia de credores, desonera-se das funções, podendo renunciar ao exercício do cargo. Essa renúncia dar-se-á na própria assembleia em que a deliberação tiver sido tomada.[31]

A forma de remuneração do administrador judicial, tal como adotada pela lei brasileira, tem recebido reiteradas críticas, notadamente pelo fato de se orientar a partir de percentual do

[31] A matéria é tratada nos artigos 55, 56, 58, 59 e 60 do CIRE.

PAIS DE VASCONCELOS, Pedro. **Responsabilidade civil do administrador da insolvência.** II Congresso de Direito da Insolvência, obra coordenada por Catarina Serra. Coimbra: Almedina, 2014. p. 189-206; FRADA, Manuel A. Carneiro. **A responsabilidade dos administradores perante os credores e o direito das sociedades e o direito da insolvência.** IV Congresso de Direito da Insolvência, obra coordenada por Catarina Serra. Coimbra: Almedina, 2017. p. 193-202.

passivo envolvido na ação, realçando aquela percepção, verdadeira, de que a ação de recuperação judicial é uma ação cara (para além de invasiva e estigmatizante). Há, é fato, formas mais próprias de se tratar o tema. Tal como posto, é frequente defrontar-se com situações em que a remuneração do administrador deixa em visível desconforto a comunidade de credores, além, por óbvio, o próprio devedor. Ocorrem, ainda, situações concretas nas quais a remuneração expressiva, distante de parâmetros razoáveis para o caso, acaba por inviabilizar planos de recuperação viáveis. Noutro giro, há quem sugira que a sua remuneração se dê em quotas mensais, aliviando, de certo modo, o impacto no cumprimento dessa obrigação. Este escrito adota todas as críticas a respeito levantadas e, em benefício do processo, com suas singularidades tantas, sugere que a remuneração deveria mesmo se dar por serviços prestados ou por tarefas levadas a cabo e paga em parcelas mensais, reservando-se uma parcela-prêmio no caso de êxito na empreitada de recuperação ou na liquidação, também com êxito, do passivo envolvido. A conceituação e os limites do que seja esse prêmio o diriam os credores, sob o crivo moderador do magistrado. Esta quota-prêmio seria paga ao final do processo. A remuneração do Administrador judicial ainda consumirá espaço na doutrina e dela se ocupará, certamente, uma mais moderna jurisprudência.

2

A RESPONSABILIDADE CIVIL DO ADMINISTRADOR JUDICIAL

O início das atividades do administrador judicial se dá após a aceitação do encargo, com a assinatura do correspondente termo de compromisso, uma verdadeira declaração de assunção de responsabilidades próprias da função, afirmando bem e fielmente exercê-las.[32] Em termos legais, a lei em exame se contenta em determinar que o administrador judicial, assim como os membros do comitê, responderá pelos prejuízos causados à massa falida, ao devedor ou aos credores, por dolo ou culpa, devendo, o dissidente em deliberação do comitê, consignar sua discordância em ata, para eximir-se da responsabilização (artigo 32).[33] Tal como posta,

---

32 *Art. 33. O administrador judicial e os membros do Comitê de Credores, logo que nomeados, serão intimados pessoalmente para, em 48 (quarenta e oito) horas, assinar, na sede do juízo, o termo de compromisso de bem e fielmente desempenhar o cargo e assumir todas as responsabilidades a ele inerentes.*

33 *Art. 32. O administrador judicial e os membros do Comitê responderão pelos prejuízos causados à massa falida, ao devedor ou aos*

a norma acaba se remetendo à regra geral do Código Civil ao tratar dos atos ilícitos, e segundo a qual aquele que, por ação ou omissão voluntárias, negligência ou imprudência, violar direito e causar dano a outrem, ainda que exclusivamente moral, comete ato ilícito, com o acréscimo de que também comete ato ilícito o titular de um direito que, ao exercê-lo, exceda manifestamente os limites impostos pelo seu fim econômico ou social, pela boa-fé ou pelos bons costumes (artigos 186 e 187 do Código Civil). Essas normas, dispostas na parte geral do código de Miguel Reale, em seu Livro III, Título III (Dos Atos Ilícitos), se completa com a responsabilidade de indenizar, tratada na parte especial da mesma codificação, no Livro I, Título IX, Capítulo I, tratando da responsabilidade civil, em que se lê que, por ato ilícito, aquele que causar dano a outrem, fica obrigado a repará-lo. A norma, em seu parágrafo único, afirma mais, haverá obrigação de reparar o dano, independentemente de culpa, nos casos especificados em lei, ou quando a atividade normalmente desenvolvida pelo autor do dano implicar, por sua natureza, risco para direitos de outrem (artigo 927 e parágrafo único do Código). Advirta-se que o dever de diligência exigível no desempenho das funções de administrador judicial há de ser medido pelo cumprimento das obrigações próprias de seu cargo, sem exclusão de matérias. A respeito, ensina Ruy Pereira Camilo Junior que o administrador judicial responde subsidiariamente por obrigações tributárias da massa quando

credores por dolo ou culpa, devendo o dissidente em deliberação do Comitê consignar sua discordância em ata para eximir-se da responsabilidade.

caracterizada sua culpa. Afinal, é de seu dever zelar pelos interesses do concurso.[34]

Responderá, portanto, o administrador judicial pelos danos causados ao devedor e a seus credores pela inobservância culposa dos deveres que lhe incumbam, e a culpa será apreciada em função da diligência de um criterioso administrador da insolvência. O administrador responderá solidariamente com os seus auxiliares pelos danos causados pelos atos e omissões, salvo se se provar que não terá havido culpa, demonstrando que, para o caso, mesmo com a diligência devida não se teria evitado os danos ocorridos.

Em sede de responsabilidade civil, não pode ficar sem registro, a relevante questão da prestação de contas que se dá, no correr do processo, em momentos distintos, com finalidades também distintas. É dever do administrador judicial fazer a juntada aos autos, da demonstração das contas do recuperando ou do falido. Trata-se de prestação de contas mensais de interesse dos credores e do processo. Há, todavia, a obrigação de o administrador prestar as suas próprias contas. Na condição de um administrador de interesses que não sejam os interesses próprios, porque interesses alheios, estará obrigado a dar contas de sua atividade permanentemente.

No processo de recuperação judicial não há, como regra, procedimento de prestação de contas propriamente dito pelo

---

34 CAMILO JUNIOR, Ruy Pereira. Empresa em crise e tributação. *In:* TOLEDO, Paulo Fernando Campos Salles de; SATIRO, Francisco (coord.). **Direito das empresas em crise**: problemas e soluções. IBR – Instituto Brasileiro de Estudos de Recuperação de Empresas. São Paulo: Quartier Latin, 2012. p. 297-341.

administrador judicial, mas, a exigência de apresentação de relatórios mensais das atividades do devedor com informações sobre a execução do plano, até quando de seu encerramento. É dessa ação, inclusive, que se recolhe a função exercida pelo administrador judicial como órgão de fiscalização das atividades do devedor no que tange ao cumprimento das obrigações do plano de recuperação judicial, o que implica, por via oblíqua, no acompanhamento do desempenho das próprias atividades empresariais do recuperando, sem, todavia, nelas se imiscuir. Não se apresentando esses relatórios, com a regularidade que a Lei exige, promoverá, o próprio juiz, a intimação do administrador judicial para que o faça no prazo de 5 (cinco) dias, sob pena de ato de desobediência, consoante já se anotou. A não apresentação, pelo administrador judicial, daqueles relatórios poderá resultar na sua destituição. Esta é a pena a ser imposta e do ato decorrerá a sua responsabilização. Da verificação e da extensão dessa responsabilização, cuidará a prestação de contas que será levada a efeito pelo seu substituto nomeado.

No processo de falência o administrador judicial está obrigado a prestar contas não só ao final do processo, mas, também, quando de sua substituição ou quando de sua renúncia ao cargo. A prestação de contas final far-se-á em autos em apartado, apensados aos autos do processo principal. As contas deverão estar acompanhadas dos documentos que as suportem. Recebida pelo juiz, se publicará aviso a respeito de sua autuação, colocando-a à disposição dos interessados para análise pelo prazo de 10 (dez) dias, com oportunidade de sua impugnação pelos credores e pelo próprio falido, pelos sócios de responsabilidade ilimitada se for o caso, tendo em vista o alcance de seus interesses pelos efeitos jurídicos da sentença de quebra, além do representante do Ministério

Público. Ao final, o juiz julgará as contas prestadas por sentença, dela cabendo o recurso próprio (artigo 154 e seus parágrafos).

Excepcionalmente, quando assumir a função de gestor judicial, em virtude do afastamento do devedor (artigo 65), ficará obrigado, o administrador judicial, a apresentar contas dessa sua gestão provisória, fazendo-o no prazo de 10 (dez) dias contados do término de sua administração extraordinária (artigo 31, § 2º).[35]

A opção do legislador pela responsabilização do administrador judicial com base na culpa não está incorreta.[36] Esta, afinal, é a regra do sistema brasileiro, a despeito de um crescente número de leis que promovem a exceção. Afinal, dele, Administrador, não se há exigir mais do que a diligência própria dos gestores de interesses alheios, em administração de meios e não em administração de resultado. O que reclama atenção, portanto, são os passos e as ações desse administrador nos seus misteres. Em ocorrendo a culpa por ato de alguma relevância patrimonial ou de condução dos interesses abrigados no processo, devem esses ser apontados seja pelo próprio devedor, seja pelos credores, pelo representante do Ministério Público ou por aquele que lesado pela ação ou omissão verificada, tudo, evidentemente, calçado nas provas.

---

35 MANGE, Renato. O administrador judicial, o gestor judicial e o Comitê de Credores na Lei n. 11.101/05. *In:* SANTOS, Paulo Penalva (coord.). **A nova lei de falências e de recuperação de empresas – Lei n. 11.101/05**. Rio de Janeiro: Forense, 2006. p. 65-74.

36 A respeito: Sobre a responsabilidade dos administradores da companhia. Uma crítica à desconstrução da doutrina clássica da responsabilidade civil dos administradores das sociedades anônimas no Brasil. *In:* **Trinta anos de advocacia**. Belo Horizonte: Del Rey, 2020. p. 111-132.

3

O ENQUADRAMENTO JURÍDICO DA FIGURA DO ADMINISTRADOR JUDICIAL

Não é tarefa fácil encontrar um enquadramento conceitual para nele prender a figura do administrador judicial; aliás, parece mesmo tarefa impossível. Esta constatação, em termos gerais, recomenda leitura atenta, páginas atrás, da nota de rodapé que contém este trabalho, com a anotação das mais diferentes, variadas e abrangentes alocuções verbais, todas dizentes dos fazeres e da responsabilidade personalíssima do administrador judicial, sejam aquelas elencadas na seara comum dos processos de recuperação judicial e da falência ou não. É preciso trazer a texto as tais alocuções verbais utilizadas no discurso legal, para reconhecer a profusão e a difusão de fazeres ali contemplados. Afinal, quase tudo cabe nas atribuições do administrador judicial: corresponder com os credores; fornecer-lhes as informações solicitadas; contratar profissionais necessários; receber habilitações e pedidos de exclusão ou modificação de créditos; publicar edital contendo a relação inicial de credores; promover requerimentos, vários; examinar, emitindo, a respeito, pareceres, sobre a escrituração do devedor; emitir parecer sobre o processo com as informações constantes nos livros e registros do devedor; consolidar o quadro-geral de credores; resolver os impasses no âmbito do comitê de credores; substituir, nas suas funções, o próprio comitê; disponibilizar no sítio próprio o edital de convocação da assembleia de credores; presidir a assembleia de credores; conferir e, portanto, legitimar as representações nas assembleias de credores; fiscalizar as atividades do devedor; exercer, quando for o caso e provisoriamente, as funções de gestor judicial; representar a massa falida, em termos amplos; promover a arrecadação dos bens do falido; custodiar (guardar) ou nomear depositário dos bens arrecadados; proceder ou mandar proceder à avaliação dos ativos arrecadados; exibir, juntando em juízo, as certidões pertinentes ao patrimônio arrecadado; celebrar contratos em nome da massa falida; revogar mandatos que não sejam convenientes aos interesses da massa; escolher e decidir sobre os contratos que cumprirá e rescindir aqueles que não sejam de interesse da massa falida; restituir as coisas móveis que não pertencentes à massa; denunciar contratos em curso; realizar atos pendentes em relação a diretores e obrigações da massa falida; pagar, com os recursos de caixa disponíveis, obrigações cuja antecipação sejam indispensáveis; além dos relatórios periódicos na recuperação judicial, apresentar aquele relatório com a exposição circunstanciada, considerando as causas da falência, ao final especificando e justificando os limites da responsabilidade que continuará recaindo sobre o falido; respeitar a presunção de veracidade conferida aos créditos e exações públicas (fiscais); fiscalizar as manifestações de credores que se derem sob forma outra que não o voto presencial nas assembleias de credores, emitindo parecer sobre sua regularidade; vender os bens arrecadados; assistir aos processos estrangeiros, atuando em outros países na qualidade de representante do processo brasileiro; ainda no processo estrangeiro, agir em cooperação, na extensão máxima possível, com as autoridades estrangeiras ou com representantes estrangeiros; fiscalizar o decurso das tratativas e a regularidade das negociações entre devedor e credor; assegurar que as negociações realizadas entre devedor e credores sejam regidas de acordo com os termos convencionados entre os interessados, ou de acordo com as regras propostas pelo próprio administrador; arrecadar os valores em depósito realizados em processos administrativos ou judiciais nos quais o falido figure como parte. Há, é fato, significativo número de atribuições em si autoexplicativas, mas, há também, fazeres novos difíceis de serem delimitados, o que faz da atividade do administrador judicial algo verdadeiramente único.

Das antigas figuras do comissário e do síndico à figura do administrador judicial, são várias as doutrinas na tentativa de enquadramento jurídico da figura, seja como agente judicial, como auxiliar do juiz, seja como representante, como mandatário, como gestor de bens de terceiros, dentre outras.

3.1 NOTÍCIAS DO COMISSÁRIO E DO SÍNDICO

O exame da figura do administrador judicial, razoavelmente nova no Brasil, tendo origem embora nos seus predecessores, o comissário e o síndico, conduz à advertência preliminar de uma impossibilidade de se comparar os ministérios de uns e de outros. Foram profundas e foram estruturais as mudanças havidas; isto é, não se explica a inovação com o que pudesse ter sido apenas mera mudança de designação das figuras. Instalou-se uma percepção nova sobre o instituto da insolvência, com a valorização da recuperação da empresa e, com sutileza ainda maior, valorização da preservação da atividade empresarial que tenha morada numa massa falida. Não se concebe mais a massa falida ('universalidade de Direito'), como um amontoado amorfo e inanimado de coisas, entendimento esse definitivamente superado. Modernamente, se reconhece na massa falida a possibilidade de ali habitar um coração que ainda pulsa, uma atividade empresarial enfim que necessita ser salva. Em decorrência, pois, de um conjunto de causas relevantes, necessário foi recriar essa figura que passou a ser denominada como administrador judicial, com uma e mesma designação para atuar tanto na ação de recuperação judicial de empresa (ação, antes, inexistente e que também não guarda identidade estrutural com as antigas concordatas), quanto na ação de falência. Trata-se de um novo tempo.

O termo síndico, do latim *syndicus*, etimologicamente define aquele que tem a seu cargo a responsabilidade de exercer alguma sindicância. Trazido para a linguagem jurídica, o termo corresponde à pessoa de um administrador sindical, aquele que administra e que representa os interesses de um conjunto de pessoas. A relevância da figura do síndico sempre foi reconhecida, vindo a ser ressaltada por Percerou e por Desserteaux, como órgão essencial da falência, advertindo esses autores que, dentro do processo, não há quem ocupe lugar equiparável ao seu. Aponta-se, na linha da história, a sua origem, em face de seus encargos e atribuições, para aquela figura da *missio in bonis*, a *cessio bonorum*, porque, apossando-se, com legitimidade, os credores, dos bens do devedor insolvente ou dele recebendo bens pelo instituto da cessão, se impunha àquele que os recebesse por cessão, os deveres da guarda e da conservação dos ditos bens. Um desses credores exerceria a função de um *curator*, denominação que foi conservada pelo Direito italiano (*curatore*). Em várias outras legislações se manteve, por longo tempo, a identificação da figura como *syndic*, síndico. Na Alemanha adotou-se a denominação de *konkursverwalter*, como administrador do concurso. Na Inglaterra e nos Estados Unidos se mantém a figura do *trustee in bankruptcy*. O síndico, na douta lição de Miranda Valverde, não seria um simples representante do falido, mas, um órgão ou um agente auxiliar da justiça criado a bem do interesse público e para a consecução dos fins próprios do processo falimentar. O mesmo a se dizer em relação a administradores, liquidatários ou curadores, no âmbito dos processos de falência. Agem no cumprimento dos deveres que a lei lhe impõe. É inegável a sua independência com relação ao falido e aos próprios credores, contra os quais podem, em determinadas circunstâncias, opor-se, como auxiliares da justiça. O comissário, diferentemente, é encarregado, transitoriamente, de provisória missão. Recorre, Amador Paes de Almeida, à lição de Pedro Orlando, dizendo-a uma pessoa regularmente habilitada a tratar de negócios mercantis de interesse de terceiros, fazendo-o em nome próprio ou em nome de quem lhe haja cometido o encargo ou a incumbência, com ou sem instrumento de mandato. Essa doutrina vê, no comissário, uma espécie de preposto, praticando profissionalmente ato em seu próprio nome ou por conta de outrem. No regime antigo, o comissário era nomeado pelo juiz, mas preferencialmente escolhido entre os maiores credores. A síntese desse pensar vem, também, da pena de Ruben Ramalho, para quem o síndico é uma das denominações que se dava à pessoa que administrava e representava uma universalidade de direito, que pode ser a massa falida ou um condomínio, por exemplo. O síndico da massa falida era, portanto, o seu administrador e o seu representante legal. As atribuições do comissário, nalguma medida semelhantes às do síndico, eram mais de fiscalização do comportamento do concordatário, cabendo-lhe, na vivência do caso em concreto, a missão de um avaliar as possibilidades do cumprimento da concordata do devedor, registrando, via relatório, todas as circunstâncias e fatos ocorridos, trazendo-o para o processo de concordata. Essa função fiscalizadora, de modo mais organizado, porque em torno do plano de recuperação proposto (e que no sistema antigo não existia), aproxima, de certo modo, as funções do Administrador judicial moderno daquele comissário antigo. As semelhanças, no entanto, ficam por aí. Assinala Sérgio Campinho que seria espúrio considerar o síndico um representante legal da massa falida, vez que não tem a massa personalidade jurídica, constituindo-se em uma universalidade de direito, decompondo-se em massa objetiva ou ativa, na qual se encontram o complexo de bens do falido, e em massa subjetiva ou passiva, a coletividade de credores. A sustentação de tais assertivas, no modelo novo, estará realçada no conjunto de determinações contidas no artigo 47 da Lei n. 11.101/2005, estabelecendo os objetivos precípuos da recuperação da empresa. Suas atribuições eram, como também o são em relação ao administrador judicial, indelegáveis e, portanto, de caráter personalíssimo, em face do critério da pessoalidade da nomeação.[37]

---

37 ALMEIDA, Amador Paes de. **Curso de falência e concordata**. 10. ed. São Paulo: Saraiva, 1991, p. 222 e seguintes; RAMALHO, Ruben.

3.2 AS CONSTRUÇÕES TEÓRICAS MAIS RELEVANTES EM TORNO DA FIGURA DO ADMINISTRADOR JUDICIAL

Pelo caminho percorrido, correta está a percepção da doutrina, unânime, segundo a qual o bom termo do processo concursal dependerá do bom desempenho das funções do administrador judicial. A figura exerce funções nitidamente não jurisdicionais ou administrativas, todas de extraordinária relevância, algumas delas, indispensáveis. A intenção do legislador moderno (a *mens legislatoris*), ao que parece, deixou arredado de dúvidas que ao magistrado togado, aquele que presidirá o processo, ficam reservadas as ações e iniciativas de natureza jurisdicional apenas (a função de julgar), o que valoriza o viés contratualista do processo, principalmente em sede de ação de recuperação de empresa. Esse

Curso teórico e prático de falência e concordatas. 2. ed. São Paulo: Saraiva, 1989, p. 192 e seguintes e p. 318 e seguintes; VALVERDE, Trajano de Miranda. **Comentários à lei de falências**. 2. ed. Rio de Janeiro: Revista Forense, 1955. v. II e III, p. 240 e seguintes; REQUIÃO, Rubens. **Curso de direito falimentar**. 6. ed. São Paulo: Saraiva, 1981. v. 1, p. 209 e seguintes e v. 2, p. 95 e seguintes; PERIN JUNIOR, Ecio. **Direito falimentar e a nova lei de falências e recuperação de empresas.** *In:* PAIVA, Luiz Fernando Valente de (coord.). São Paulo: Quartier Latin, 2005. p. 169-196; MAZZAFERA, Luiz Braz. **Curso básico de direito empresarial**. São Paulo: Edipro, 2003, p. 257 e 286; SILVA, Renaldo Limiro da. **A recuperação judicial comentada artigo por artigo**. 2. ed. Belo Horizonte: Del Rey, 2019, p. 119 e seguintes; LOBO, Jorge. **Direito concursal**. Rio de Janeiro: Forense, 1996, p. 119; TOLEDO, Paulo Fernando Campos Salles de. Da personificação da massa falida. **Revista de Direito Mercantil, Industrial, Econômico e Financeiro**, nova série, ano XXIX, n. 78, p. 46-51, abr./jun. 1990.

aprimoramento do texto legal precisa ser aplaudido, eis que nele está contida uma adequação realista dos propósitos da reorganização da empresa em crise, particularmente em relação aos casos mais complexos, em que será útil a atuação de especialistas, por exemplo, em *corporate finance*, nos interesses próprios da salvação da empresa ou da sua atividade empresarial, no todo ou em parte.

Inúmeras foram as teorias formuladas com o escopo de fixar a natureza jurídica da função do síndico, antes de lhe colocar a indumentária de administrador judicial. Trajano de Miranda Valverde reunia essas doutrinas em dois grandes grupos: a teoria da representação e a teoria do ofício ou da função judiciária. Como por aqui se demonstrará, todos os enquadramentos propostos, úteis embora, são, em si, insuficientes para abrigar todos os contornos conceituais da figura. A representação legal, por exemplo, não a compreenderia no seu todo, na medida em que o ato de representar implicaria na prática de atos em favor do representado (esta, a percepção de Miranda Valverde, adotada também por Sérgio Campinho). É que, na ação do administrador judicial nem sempre será assim. Será frequente a obrigação funcional do administrador judicial de adotar providências graves contrárias aos interesses desse que seria o seu representado e, a mais grave delas, a faculdade que se concede ao administrador judicial de requerer a falência do devedor, contra os interesses desse, portanto. Noutra frente e por razões muito próximas da anterior, não será o administrador judicial simples representante da massa de credores (representante da massa e nunca do falido, que é pessoa distinta). Afinal, a administração da massa falida, *rectius*: administração dos interesses envolvidos na massa, implicará em tomada de posições que podem não corresponder à representação no sentido do termo, em favor dos credores ou de parte deles. Desse conjunto de razões se recolhe a certeza da inadmissibilidade do pensamento segundo o qual o administrador seria, ao mesmo tempo, representante do devedor e dos credores. Numa compreensão muito menor, insuficiente seria admitir-se a figura do administrador como um simples fiscal, seja fiscal do juiz (como consagrado em linguagem para consumo, o administrador seria os olhos do juiz no acompanhamento do processo) ou fiscal da comunidade de credores. Seria pouco. Nesse conjunto sobressai pensamento de certo modo apequenador das funções da figura, dizendo do administrador judicial um coadjuvante 'auxiliar do juízo'. De se reconhecer que também é pouco. Não deve, todavia, ser desprezada essa percepção, porque atribuições existem que, delegadas ao administrador judicial, são próprias de atividade de quem esteja a prestar serviço público, com função judiciária até. Também não estaria, nesse enquadramento, no entanto, completa a identificação do personagem. O próprio conceito de serviço público, se apresenta, é verdade, como conceito aberto na sociedade moderna. Assevera o publicista Hely Lopes Meirelles que não se pode, doutrinariamente, indicar atividades que constituam, de modo fechado, serviço público porque há uma gama enorme de variações segundo as exigências de cada povo e em cada época. Trata-se, também aqui, de um conceito em aberto como o reconhece Eros Roberto Grau. É conceito preenchido, afinal, com dados da realidade dos fatos, devendo a sua significação ser resgatada na realidade social. Pois é dentro dessa última observação de caráter doutrinário, que se agarra a figura do administrador como agente da justiça, naquilo que compreendido como ação do Estado, ação da autoridade, o que a Lei em vários momentos lhe concede. A título de exemplo, relembre-se aquela atribuição de ouvir o devedor e tomar a termo as suas afirmações, conduzindo-o debaixo de vara até o juiz (aqui, deliberadamente fazendo uso de uma linguagem em desuso), num exercício claro de ato de autoridade. Mas, de outro modo, as atribuições do administrador impõem iniciativas que são próprias e exclusivas da ação privada, e disso é exemplo a responsabilidade de alienar, no tempo certo, os bens da massa, preservando-lhes valor. Não pode, ainda, ficar sem registro, em oposição a esse pensamento, que aos servidores e agentes públicos, a não ser em situações periféricas (como por exemplo ser quotista de sociedade limitada ou acionista não controlador de sociedade por ações) é lhes, numa visão ampla, vedado exercer atos de empresa. Para efeitos exclusivamente penais, o administrador judicial se equipara, como colaborador da justiça, aos funcionários públicos. Da contribuição de Ruy Camilo Junior se tem ainda a consideração do administrador judicial como exercente de função processual, sob a direção do juiz, base para a conclusão segundo a qual a sua responsabilidade só ocorrerá nas hipóteses de ter agido com excesso ou abuso de poder, assunto por aqui já tratado.[38]

---

[38] CAMPINHO, Sérgio. **Falência e recuperação de empresa**: o novo regime da insolvência empresarial, cit., p. 55 e seguintes; RÔLA, José Alberto. **Recuperação de empresas e falências,** cit., p. 203; TOLEDO, Paulo F. C. Salles de. **Comentários à lei de recuperação de empresas e falência**. *In:* ABRÃO, Carlos Henrique (coord.). 2. ed. São Paulo: Saraiva, 2007. p. 21-22; CEREZETTI, Sheila Christina Neder. **A recuperação judicial de sociedades por ações**. São Paulo: Malheiros, 2012. p. 419-421; SOUZA, Horácio Augusto Mendes de. Serviço público: conceito, classificação e limites à gestão empresarial. *In:* SOUTO, Marcos Juruena Villela; MARSHALL, Carla C. (coord.).

Nessa tarefa de encontrar o enquadramento conceitual da figura, especialmente sobre o exercício das suas funções em face do ordenamento jurídico brasileiro, necessário conferir, pela excelência da assertiva, o discurso doutrinário de Déborah Kirschbaum, a dizer que o Administrador é figura central na dinâmica de equilíbrio entre os interesses afetados pela crise da empresa, razão pela qual não deve ser aliado nem dos administradores da devedora e nem dos credores, devendo, como ministério seu, em ambas as hipótese, cooperar para o alcance dos propósitos da Lei.[39] De fato, e logo adiante se verá, a figura do administrador incorpora e exercita nos seus atos-funções, nalguma medida, tudo quanto pertinente a essas atividades: de representante, de mandatário, de gestor, de auxiliar qualificado do juiz, exercente de múnus público, colaborador com a justiça, o que faz dele uma figura-órgão.

3.3 O ADMINISTRADOR JUDICIAL COMO ÓRGÃO SINGULAR

Em sendo necessária a identificação de um paradigma, para nele se apoiar a compreensão do administrador judicial como órgão, de se mirar nos órgãos da sociedade anônima: a

---

Direito empresarial público. Rio de Janeiro: Lumen Juris, 2002. p. 393-448; CAMILO JUNIOR, Ruy Pereira. **Empresa em crise e tributação,** cit., p. 328-329; LABAREDA, João. **Orgãos da insolvência**. Lisboa: Quid Juris, 2011.

39 KIRSCHBAUM, Déborah. **A recuperação judicial no Brasil**: governança, financiamento extraconcursal e votação do plano. Orientador: Professor Calixto Salomão Filho. Tese (Doutorado em Direito) – Universidade de São Paulo, 2009.

assembleia geral de acionistas, seu conselho de administração, sua diretoria e seu conselho fiscal. Essa referência é significativa, na medida em que, não se reconhecendo entre esses órgãos, propriamente, identidade, há entre eles uma semelhança e uma aproximação que acaba sendo útil para melhor compreender as tantas e várias atribuições do administrador judicial. Sem avançar nesse discurso para não se perder o foco das pretensões deste texto, quanto àquele órgão maior, a assembleia geral de acionistas, vale destacar uma diferença fundamental entre esta e a assembleia de credores porque, enquanto na primeira há obrigação institucional de os acionistas votarem segundo os interesses da companhia, é razoável, na segunda, na assembleia de credores, compreender-se que, em primeiro lugar, o credor votará conforme os interesses de seu crédito; dito de outro modo, não será razoável cobrar do credor que vote contra os interesses de seu crédito. Para boa fixação da doutrina dos órgãos do funcionamento integrado, no âmbito das sociedades por ações, necessário ouvir a autorizada palavra, descortinada com erudição, de Marcelo Vieira Von Adamek, recorrendo-se ao magistério de Luiz Brito Correa, ensinando que órgão: *é, portanto, o centro de imputação de poderes funcionais exercidos, por um ou mais indivíduos que neles estejam investidos, para formar e manifestar a vontade juridicamente imputável à pessoa jurídica.* Prossegue a dizer que *órgão é o indivíduo (ou o grupo de indivíduos), enquanto age para o desenvolvimento de um interesse coletivo, ou seja, enquanto cumpre uma função de grupo.* Adverte, o autor, noutro campo, a propósito da ação social de responsabilidade civil, que o órgão, centro de imputação, é como tal, parte da própria pessoa jurídica, e arremata *entre órgão e pessoa jurídica nunca se estabelecem relações jurídicas à falta de alteridade.*[40]

Vocábulo de origem latina *organum*, corresponde a instrumento que designa, originariamente, qualquer meio empregado para a execução de alguma coisa. Órgão é cada uma das partes de um aparelho destinadas a exercer uma função especial. É instrumento ou meio para se conseguir alguma coisa. Na terminologia adotada pelo Direito Administrativo, tanto pode, o órgão indicar uma instituição legalmente organizada em função de certa ordem de serviços, como a pessoa ou o grupo de pessoas incumbido do exercício de determinadas funções, que se cometem às instituições ou às pessoas jurídicas, sejam de direito público ou de direito privado; sendo a administração o complexo de órgãos aos quais se confiam funções notadamente administrativas. Há órgãos singulares e órgãos coletivos. Órgãos que governam, que administram e que julgam. Órgão é centro de imputação.

Cingindo-se às pretensões deste texto, observe-se que o conceito de órgão do procedimento concursal é conceito contraposto ao de parte. Órgão e partes não se confundem, porque as partes são sujeitos da ação (ativo ou passivo) ou são pessoas interessadas no desfecho da lide (terceiro interessado), lembrando que a ação de recuperação judicial é ação sem réu. Em contraponto, o órgão aparece como instrumento mediante o qual o processo se dá, caminha, acontece, começa e termina. O órgão, seja interno ou externo, integra um conjunto de agentes composto por outros

40 ADAMEK, Marcelo Vieira von. **Responsabilidade civil dos administradores de S/A e as ações correlatas**. São Paulo: Saraiva, 2010, p. 11-12 e 465.

órgãos para se fazer um só todo, sendo, cada um dos órgãos, desse todo, uma célula vital.[41] A parte e o todo não se confundem, antes, se complementam, porque um não existe sem o outro. Analisando o verbete órgão como um instituto jurídico, de se considerar que, também no processo, nenhum órgão existe só porque, com as limitações que lhe sejam próprias, o processo, sem os demais órgãos, não se desenvolveria. No caso, os demais órgãos são o Magistrado. que preside o feito, e o Ministério Público (que são órgãos não apenas preexistentes, como o são em caráter peculiar, porque exercerão seus misteres, sua jurisdição, em todos os processos que lhes compitam e não apenas em relação a determinada recuperação judicial ou falência postas. São órgãos externos e são órgãos impróprios, portanto).[42] São órgãos internos (ou próprios da recuperação judicial e da falência) o administrador judicial, o comitê de credores (de instalação não obrigatória) e a assembleia

---

41 Para elucidar a relação do todo e das partes, escreveu Gregório de Matos, com graça e leveza:

O todo sem a parte, não é todo;

A parte sem o todo não é parte,

Mas, se a parte o faz todo, sendo parte,

não diga que é parte, sendo todo.

GAMBOGI, Luiz Carlos Balbino. **Direito:** razão e sensibilidade – as instituições na hermenêutica jurídica. Belo Horizonte: Del Rey, 2008, p. 33 (fonte recente).

42 TOLEDO, Paulo Fernando Campos Salles de; PUGLIESE, Adriana V. **Tratado de direito empresarial**. São Paulo: Revista dos Tribunais, 2016. v. V: Recuperação empresarial e falência, p. 132-137; **Enciclopédia Saraiva do Direito**. São Paulo: Saraiva, 1981, v. 56 (verbete).

de credores (literalmente um órgão episódico). Vincula-se a noção de órgão à de vontade social, decorrência lógica do conceito daquilo que compreendido como interesse coletivo, isto é, se sobrepondo a interesses individuais, egoísticos.

É unânime a doutrina em admitir o administrador judicial como um órgão do Direito Concursal para as ações de recuperação judicial e de falência, com atribuições nem sempre as mesmas, para uma e para outra ação. O administrador judicial é, pois, um órgão peculiar, singular.

Ao tempo em que aceitar a compreensão da figura do administrador judicial como órgão se oferece como solução pacificada por parte de unânime doutrina, parece ainda pouco encerrar essa compreensão apenas se lhe dedicando rótulo genérico de órgão. Há considerações que põem a sol as singularidades desse órgão e que merecem, ainda que em ligeiro voo de pássaro, alguma reflexão.

É preciso, em exercício de perguntas e respostas, fazer uma análise intestina da figura, a partir daquelas alocuções verbais por aqui já anotadas, concluindo-se, desde já, que para as perguntas a seu respeito nunca se terá uma só resposta. Num exercício de aproximações e distanciamentos, de semelhanças e diferenças, se concluirá pela existência de uma figura, um instituto em tudo *sui generis*, um *primus inter pares*, um *tertius genus*, em todas as frentes em que os seus fazeres se dão. Assim, esse administrador não se confunde com a figura do empresário. Portanto, e por exclusão, empresário ele não é. Não será, por derivação, dono do capital. Portanto, não será nem sócio e nem acionista. Não é administrador estatutário. Não é administrador contratual. Não é, da empresa, procurador, afinal a empresa como pessoa não lhe terá outorgado procuração. É, no entanto, mandatário de mandato que decorre de determinação legal, porque tem mandato próprio, daquela massa falida que representa. Não é, o administrador judicial, nem obrigado e nem coobrigado pelas obrigações do devedor. Nessa linha, a legislação não faz recair sobre os seus ombros a responsabilidade objetiva, porque não executa o administrador ação de resultado, mas, apenas ações de meio. O administrador não exerce gestão de negócios nos termos em que regulado este contrato no Código Civil, uma vez que os seus atos praticados não exigiriam ratificação do dono do negócio. Curiosamente, no entanto, poderá vir a ser gestor em caráter excepcional, enquanto não se nomeia o próprio, sendo o caso. Exerce, o administrador, na ação de recuperação judicial, forte atribuição fiscalizadora, e na ação de falência, se veste de acreditado administrador em relação aos interesses da massa falida. Nessa linha, se administra a empresa objeto (e não a empresa pessoa) existente na massa falida (aquele coração que ainda pulsa). Exerce, nalguma medida, atribuições de autoridade. É um qualificado auxiliar do magistrado togado, exercendo então função pública, desempenhando, ainda, função processual, reservando-se ao magistrado a presidência do processo e a sua ordenação naquilo que de atribuição rigorosamente judiciária (ou jurisdicional). Valoriza-se o contratualismo (nesse passo, se construiu e se consagrou a chamada desjudicialização do processo). Exerce, ainda, esse administrador, um sem número de funções burocráticas, conferindo papéis, publicando editais e expedindo missivas e promovendo relatórios. É, ainda (também), diante do magistrado e perante os credores, um permanente parecerista, cujos pareceres calçarão a ação decisória do magistrado e, nalguma medida, dos próprios credores divididos em categorias ou grupos, quando do episódico órgão da assembleia de credores entrar em ação.

Assim e então, essa figura-órgão, analisados os seus fazeres, missão por missão, é representante. É mandatário. É servidor judicial eventualmente. É auxiliar do juiz (auxiliar da justiça). É gestor de negócios, nesse passo, resolvendo as questões de interesse da massa, ou investido exatamente dessa função quando em substituição do próprio gestor judicial. Administrador judicial é isto tudo e não disso tudo um pouco. Sua conceituação dependerá, sempre, do ato praticado, em função da sua indumentária vestida para aquele determinado ato, aquele momento processual. Sua conceituação, portanto, não deve ser analisada em termos gerais, mas, e pontualmente, em relação a cada ato praticado, a cada passo do processo, em cada momento da ação na qual estiver atuando. É uma figura, portanto, de conceituação plural.

CONCLUSÕES

Especialmente em relação à quase permanente atualização e inovações praticadas nas leis de recuperação judicial e de falência, fica adotada como conclusão aquela advertência posta na abertura do Código de Falências de Portugal de 1899, segundo a qual, pela natureza da atividade humana no campo das suas mais variadas ações, não haverá mesmo legislação concursal de grande duração.

Quanto às inovações trazidas com a Lei n. 14.112/2020, tímida embora, há o que ser celebrado e, nesta linha, de se observar à guisa de conclusão, que mais valorizado se tem o órgão da administração judicial, agora dirigindo-se também às questões que possam ser equacionadas por intermédio de meios alternativos de solução de conflitos, ganhando, para além fronteira, o administrador judicial, a representação em processos que se dão fora da seara de jurisdição do magistrado brasileiro.

É preciso chamar a atenção para a tendência cada vez mais visível e mais clara nos esforços de preservação da empresa e, com refinamento que não pode ser olvidado, a preservação da atividade empresarial (mais do que preservar a empresa-pessoa). Neste ponto é que restou valorizado o órgão administrador judicial, cujo órgão mais até do que ao próprio magistrado, delegou-se autoridade para, atendendo-se a interesses superiores, secundando até os interesses dos donos do capital, resgatar, recuperar e reerguer a atividade empresarial (a empresa-objeto), seja no âmbito da ação de recuperação judicial, seja na própria falência, não permitindo, assim, a destruição de valores. As bússolas dos vários ordenamentos jurídicos apontam, e já faz tempo, para um outro porto, um outro norte, apontam para a salvação da atividade empresária que tenha morada na massa insolvente. Em matéria desse Direito da recuperação e da falência das atividades econômicas (da atividade empresarial), os ordenamentos jurídicos filiados ao sistema da *Common Law*, assim como os filiados ao sistema da *Civil Law*, se harmonizam, um se inspirando no outro, existindo, entre ambos, mais aproximações do que distanciamentos.

Tendo, embora como predecessoras, as figuras históricas do comissário e do síndico, a legislação que reescreveu a falência e criou a ação de recuperação judicial, em face das alterações estruturais havidas, não consagra apenas uma mudança de denominação da figura, mas contém uma reinvenção do órgão, conferindo-lhe um plexo de atribuições sem as quais seria impossível a modernização do processo.

O administrador judicial é, na verdade, uma figura plural, um órgão *sui generis* abrigado que está, do ponto de vista conceitual, em mais de um instituto jurídico conhecido e regulado. Seu enquadramento conceitual há de ser sempre cirúrgico e pontual. Quando a lei a seu respeito, disser mandatário, outra coisa ele não será que mandatário; quando a lei o disser gestor, é isto mesmo que se está a afirmar, é gestor; quando a lei a seu respeito o disser fiscal dos atos do devedor, é isto mesmo, estará investido da autoridade fiscalizadora; quando a lei fizer dele administrador de interesses da massa falida, é isto mesmo, há de ser compreendido como administrador investido daqueles poderes de administração, com as limitações que a própria lei confere. O administrador judicial é tudo isto e não disso tudo um pouco. A lei não adotou essas compreensões legais, fazendo-o por equiparação; a lei o fez, em cada ponto e a cada vez, no sentido próprio de cada enquadramento. É, no entanto, compreensível o argumento segundo o qual nessas compreensões a sua identificação não se esgote. Correta a assertiva e dela se serve este texto para, mais uma vez, afirmar que a figura é mesmo singular, como singulares são as ações judiciais da recuperação judicial e da falência. Todo processo de recuperação judicial surpreende.

Isto posto e em epílogo, é enganoso pensar que aquela responsabilidade civil que recai sobre a pessoa do administrador judicial, com base na culpa, se apresente como um adjutório, uma amenização. São tão vastas e tão diferentes as iniciativas a cargo do órgão, que nessa responsabilização por meio da culpa pode estar uma armadilha. Os elementos integrativos da culpa são: a omissão, a imprudência e a negligência. É negligência, se dolo não for, o administrador judicial conspirar contra a aprovação de plano de recuperação viável, e isto é apenas um exemplo.

REFERÊNCIAS

ABRÃO, Carlos Henrique. **A recuperação no processo falimentar.** Direito das empresas em crise: problemas e soluções, IBR – Instituto Brasileiro de Estudos de Recuperação de Empresas. São Paulo: Quartier Latin, 2012. p. 35-49.

ABRÃO, Carlos; TOLEDO, Paulo Fernando Campos Salles de. **Comentários à lei de recuperação de empresas e falência**. 6. ed. São Paulo: Saraiva, 2016.

ADAMEK, Marcelo Vieira von. **Responsabilidade civil dos administradores de S/A e as ações correlatas**. São Paulo: Saraiva, 2010.

ALMEIDA, Amador Paes de. **Curso de falência e concordata**. 10. ed. São Paulo: Saraiva, 1991.

ALONSO, Manoel. Comentários ao artigo 50. *In:* LUCCA, Newton de; SIMÃO FILHO, Adalberto (coord.). **Comentários à nova lei de recuperação de empresas e de falência.** São Paulo: Quartier Latin, 2005. p. 239-271.

BERTASI, Maria Odete Duque. Administrador judicial, comitê e assembleia de credores na Lei de recuperação de empresas e falência. *In:* MACHADO, Rubens Approbato (coord.). **Comentários à nova lei de falências e recuperação de empresas**. São Paulo: Quartier Latin, 2005. p. 121-151.

BEZERRA FILHO, Manoel Justino. **Lei de recuperação de empresas e falências**. 11. ed. São Paulo: Revista dos Tribunais; Thomson Reuters, 2016.

BRITO, Maria Helena. **Falências internacionais**. Separata, Estudos em Memória do Professor Doutor José Dias Marques. Lisboa: Almedina, 2007.

CAMILO JUNIOR, Ruy Pereira. Empresa em crise e tributação. *In:* TOLEDO, Paulo Fernando Campos Salles de; SATIRO, Francisco (coord.). **Direito das empresas em crise**: problemas e soluções. IBR – Instituto Brasileiro de Estudos de Recuperação de Empresas. São Paulo: Quartier Latin, 2012.

CAMPINHO, Sérgio. **Falência e recuperação de empresa**: o novo regime da insolvência empresarial. 2. ed., rev. e atual. conforme a reforma do CPC. Rio de Janeiro; São Paulo-Recife: Renovar, 2006.

CEREZETTI, Sheila Christina Neder. **A recuperação judicial de sociedades por ações**. São Paulo: Malheiros, 2012.

COELHO, Fábio Ulhoa. **Comentários à nova lei de falências e de recuperação de empresas.** Lei n. 11.101 de 9-2-2005. São Paulo: Saraiva, 2005.

FINCH, Vanessa. **Corporate insolvency law, perspective and principles**. Cambridge University Press, UK, KD 2139.F 558,2002. htt://www.cambridge.org.

FRADA, Manuel A. Carneiro. **A responsabilidade dos administradores perante os credores e o direito das sociedades e o direito da insolvência**. IV Congresso de Direito da Insolvência, obra coordenada por Catarina Serra. Coimbra: Almedina, 2017. p. 193-202.

FRANKS, Julian R.; TOROUS, Walter N. **Lesson form a comparison of U. S. and U. K insolvency code**. Corporate Bankruptcy, Economics and Legal Perspectives. Edited by Jagdeep S. Bhandari and Lawrense A. Weis, Foreword by Ricard A. Posner. New York: Cambridge University Press, 1996. p. 450-466.

GAMBOGI, Luiz Carlos Balbino. **Direito: razão e sensibilidade** – as instituições na hermenêutica jurídica. Belo Horizonte: Del Rey, 2008.

GLOSBAND, Daniel M.; KELAIKOS, George M.; HON BURTON, R Mekeloy; JOSEFINA, F.; SALINA, A.; SCAMON, Scott K.; SILVERMAN, Ronald J. **Cross-Border Insolvency in the United States, The American Bankruptcy Institute Guide**. Wolf and Samsan PC, N. York, 2008.

GONÇALVES, Renato. **Recuperação de empresas**: um desígnio continuado. IV Congresso de Direito da Insolvência, obra coordenada por Catarina Serra. Coimbra: Almedina, 2017. p. 379-385.

KIRSCHBAUM, Déborah. **A recuperação judicial no Brasil**: governança, financiamento extraconcursal e votação do plano. Orientador: Professor

Calixto Salomão Filho. Tese (Doutorado em Direito) - Universidade de São Paulo, 2009.

LABAREDA, João. **Orgãos da insolvência**. Lisboa: Quid Juris, 2011 (Coletânea de Estudos sobre a Insolvência).

LOBO, Jorge. **Direito concursal**. Rio de Janeiro: Forense, 1996.

MANGE, Renato. O administrador judicial, o gestor judicial e o Comitê de Credores na Lei n. 11.101/05. *In:* SANTOS, Paulo Penalva (coord.). **A nova lei de falências e de recuperação de empresas - Lei n. 11.101/05**. Rio de Janeiro: Forense, 2006. p. 65-74.

MASON, Salind. **Cross-border insolvence law**: where private international law and insolvency law meet. International Insolvency Law, Themes and Perspective, Sussex Institute University of Sussex, UK, Market and the Law, Routledge Taylor and Francis Group. London and New York, 2016.

MAZZAFERA, Luiz Braz. **Curso básico de direito empresarial**. São Paulo: Edipro, 2003.

MENEZES LEITÃO, Luiz Manuel Teles de. **Direito da insolvência**. 5. ed. Coimbra: Almedina, 2013.

NICACIO, Mateus Vieira. A tributação do deságio obtido na recuperação judicial. *In:* SILVA, José Anchieta da (coord.). *Trinta anos de advocacia.* Belo Horizonte: Del Rey, 2020. p. 477-492.

OMAR, Paul J. **International insolvency law, themes and perspecritve**. Markets and the Law, Routrlege Taylor and Francis Group - London and New York, NY, 1007, 2016.

PAIS DE VASCONCELOS, Pedro. **Responsabilidade civil do administrador da insolvência.** II Congresso de Direito da Insolvência, obra coordenada por Catarina Serra. Coimbra: Almedina, 2014. p. 189-206.

PERIN JUNIOR, Ecio. Direito falimentar e a nova lei de falências e recuperação de empresas. *In:* PAIVA, Luiz Fernando Valente de (coord.). **O Administrador Judicial e o Comitê de Credores no novo direito concursal brasileiro.** São Paulo: Quartier Latin, 2005. p. 169-196.

PERIN JUNIOR, Ecio. **Preservação da empresa**. São Paulo: Saraiva, 2009.

PINHEIRO, Jorge Duarte. **Efeitos pessoais da declaração de insolvência**. Separata, Estudos em memória do Professor Doutor José Dias Marques. Lisboa: Almedina, 2007. p. 212-222.

PINTO DUARTE, Rui. Novo direito da insolvência. Efeitos da declaração de insolvência quanto à pessoa do devedor. **Themis Revista da Faculdade de Direito da UNL**, Edição especial. Lisboa: Almedina, 2005.

PUGLIESE, Adriana Valéria. **Direito falimentar e preservação da empresa.** São Paulo: Quartier Latin, 2013.

RAJAK, Harry. **The culture of bankruptcy in international law themes and perspective**. Sussex Institute University of Sussex, UK, Market and the Law, Routledge Taylor and Francis Group, London and New York, 2016.

RAMALHO, Ruben. **Curso teórico e prático de falência e concordatas**. 2. ed. São Paulo: Saraiva, 1989.

REQUIÃO, Rubens. **Curso de direito falimentar**. 6. ed. São Paulo: Saraiva, 1981. v. 1 e 2.

RÔLA, José Alberto. **Recuperação de empresas e falências.** Notas de Aula. Fortaleza: Imprece Editorial, 2011.

SATIRO, Francisco; CAMPANA FILHO, Paulo Fernando. A insolvência transnacional: para além da regulação estatal e na direção dos acordos de cooperação. *In:* TOLEDO, Paulo Fernando Campos Salles de; SATIRO, Francisco (coord.). **Direito das empresas em crise**: problemas e soluções. Instituto Brasileiro de Estudos de Recuperação de Empresas. São Paulo: Quartier Latin, 2012. p. 118-140.

SERRA, Catarina. **Entre o princípio e os princípios da recuperação de empresas (um *work in progress*).** II Congresso de Direito da Insolvência, coordenado por Catarina Serra. Coimbra: Almedina, 2014. p. 71-100.

SILVA, José Anchieta da. A pessoa jurídica, a falência e a *disregard doctrine*. *In:* SILVA, José Anchieta da (coord.). **Palavra de advogado.** Belo Horizonte: Del Rey, 2014. p. 225-248.

SILVA, José Anchieta da. O empresário e a lei de liberdade econômica: esperado encontro marcado. *In:* OLIVEIRA, Amanda Flávia de (coord.). **Lei de liberdade econômica e o ordenamento jurídico brasileiro**. Belo Horizonte: Editora D'Plácido, 2020. p. 57-85.

SILVA, José Anchieta da. O instituto da desconsideração da personalidade jurídica no anteprojeto de novo Código de Processo Civil. *In:* SILVA, José Anchieta da (coord.). **Palavra de advogado**. Belo Horizonte: Del Rey, 2014. p. 295-330.

SILVA, José Anchieta da. Sobre a responsabilidade dos administradores da companhia. Uma crítica à desconstrução da doutrina clássica da responsabilidade civil dos administradores das sociedades anônimas no Brasil. *In:* SILVA, José Anchieta da (coord.). **Trinta anos de advocacia**. Belo Horizonte: Del Rey, 2020. p. 111-132.

SILVA, Max Roberto de Souza e. **O princípio da preservação da empresa sob o prisma dos institutos da recuperação judicial e da falência.** *In:* JASA – José Anchieta da Silva Advocacia (org.). **25 anos de advocacia.** Belo Horizonte: Del Rey, 2015. p. 285-306.

SILVA, Renaldo Limiro da. **A recuperação judicial comentada artigo por artigo**. 2. ed. Belo Horizonte: Del Rey, 2019.

SOUZA, Horácio Augusto Mendes de. Serviço público: conceito, classificação e limites à gestão empresarial. *In:* SOUTO, Marcos Juruena Villela; MARSHALL, Carla C. (coord.). **Direito empresarial público**. Rio de Janeiro: Lumen Juris, 2002. p. 393-448.

SZTAJN, Rachel. **Comentários à lei de recuperação de empresas e falências**. São Paulo: Revista dos Tribunais, 2006. p. 225-229.

TOLEDO, Paulo F. C. Salles de. **Comentários à lei de recuperação de empresas e falência**. *In:* ABRÃO, Carlos Henrique (coord.). 2. ed. São Paulo: Saraiva, 2007.

TOLEDO, Paulo Fernando Campos Salles de. Da personificação da massa falida. **Revista de Direito Mercantil, Industrial, Econômico e Financeiro**, nova série, ano XXIX, n. 78, p. 46-51, abr./jun. 1990.

TOLEDO, Paulo Fernando Campos Salles de; PUGLIESE, Adriana V. **Tratado de direito empresarial**. São Paulo: Revista dos Tribunais, 2016. v. V: Recuperação empresarial e falência, p. 132-137.

VALVERDE, Trajano de Miranda. **Comentários à lei de falências**. 2. ed. Rio de Janeiro: Revista Forense, 1955. v. II e III.

VASCONCELOS, Pedro Pais de. **Responsabilidade civil do administrador de insolvência**. II Congresso de Direito da Insolvência, obra coordenada por Catarina Serra. Coimbra: Almedina, 2014. p. 194-212.

VERÇOSA, Haroldo Malheiros Duclerc. Recuperar ou não recuperar, eis a questão: O poder/dever do juiz objetivando a preservação da empresa – configuração e limites. *In:* CEREZETTI, Cheila Neder; MAFFIOLETTI, Emmanuelle Urbano (coord.). **Dez anos da Lei 11.101/2005.** São Paulo: Almedina, 2015. p. 348-367.

ZUCCHI, Maria Cristina. **Direito das empresas em crise**: problemas e soluções. IBR – Instituto Brasileiro de Estudos de Recuperação de Empresas. São Paulo: Quartier Latin, 2012.